子どもの育ちを支える絵本

子どもの育ちを支える絵本

脇明子 編著

岩波書店

はじめに

いま、世のなかには絵本があふれています。本屋さんにも、図書館にも、幼稚園や保育園にも、絵本はいくらでもあって、「子どもに絵本を読んであげなくちゃとは思うけれど、いったいどれを選べばいいのか」と悩んでおられる方も多いはずです。

近ごろはまた、昔ながらの紙でできた絵本に加えて、ＤＶＤやインターネットで見られる絵本も増えています。それだと、大人が読み聞かせなくても、クリックして次の場面に進めば音声が流れるようになっていて、プロの朗読だから上手だし、大人がついていなくても子どもが一人で楽しめるから助かる、という声も聞きます。

でも、幼い子どもが自分でマウスを操作してモニター画面を見つめ、流れてくる音声を聞いている光景を思い浮かべると、本当にそれで大丈夫だろうかと心配にもなってきます。画像や音声として子どもが受け取る中身が、たとえ文句なしの傑作絵本をデータ化したものであったとしても、子どもがそこから本当にすばらしい何か、育っていくための力になる何かを受け取れているかというと、はなはだ疑問だと思わずにはいられません。

それはなぜかというと、幼い子どもにとっての絵本は、常にそれを手渡してくれる大人とセットであるべきだからです。子どもが絵本の「読み聞かせ」を必要とするのは、まだ文字が読めないからではありません。お父さんやお母さん、園の先生など、子どもの身近にいる大人が、その子ども、あるいは子どもたちのために絵本を選び、読み聞かせてくれるとき、子どもは「お話をしてもらう」喜びを味わいます。そこには、絵と言葉から成る絵本という「もの」に加えて、大人からの特別な心くばりそのものがもたらす喜びや安心感が含まれており、それが「生きる力」の基盤になっていくのです。

そればかりではありません。みなさんは、子どもに絵本や物語を読み聞かせたり、昔話を語ったりしていて、子どもがそれに心を動かす様子から、よく知っているはずのお話にひそんでいる力に、あらためて目を開かれたという経験はないでしょうか。じつは、お話を読んだり語ったりするという営みのすばらしさは、聞く子どもたちばかりでなく、語ったり読んだりする大人のほうもお話をともに味わい、ともに心を動かすというところにこそあるのです。そこに生じるのは、大人と子どもが、さらには、いっしょに聞いている子ども同士が、「お話を共有する」という体験です。DVDやインターネットが相手では、そんな体験はできません。

＊

考えてみれば、「お話を共有する」というこの営みは、本などというもののなかった時代から、それどころか、文字すらもなかった時代から、私たち人類がずっと続けてきたことです。誕生したばかりの「お話」がどんなものだったかは、いまとなってはわかりませんが、たぶん私たちの祖先は、特別な出来事に遭遇した経験や、覚えておくと便利な知識、だれもが直面しがちな問題を乗り越えるのに役立つ知恵、みんなして笑えるユーモラスな思いつきなどを、語り合っては記憶にとどめ、またそれを取り出しては語るということをくり返しながら生きてきたにちがいありません。共同体というのは、まさにそうしたお話の共有によってこそ成り立つもので、子どもたちは大人たちが交わすお話を聞きかじったり、特別に自分たちにむけて語られるお話に夢中で耳を傾けたりしながら、自然に共同体の一員として育っていくことができたのでした。

その意味では、テレビやインターネットなどの新発明が幼い子どもの育ちにはありがた迷惑であるのと同様、絵本という新発明も、子どもが育つ上で本来必要不可欠なものだとは言えないようです。ヨーロッパでいまにつながる絵本の出版がはじまったのは、たかだか百五十年ほど前のことですし、日本で絵本らしい絵本が出まわるようになったのは第二次世界大戦が終わってからでしたから、まだ六十年ちょっとしかたっていません。それ以前の何百年、何千年、そしてたぶん何万年ものあいだ、人類は絵本の助けなしで子どもを育て、たとえば京都の歴史的な町並みに見られるような豊かな文化を発展させてきたのです。

では、絵本なんかいらないと言いたいのかというと、そうではありません。かつての共同体が失われた現代社会で育つ子どもたちにとって、絵本はとても貴重なものです。共同体のなかにはさまざまなお話が生きていて、子どもたちはそれを浴びるようにしながら育つことができましたが、いま、子どもが日常的に接する大人の数はとても少なく、しかもその大半が「お話を語る」という習慣を失っています。そこで役に立つのが絵本で、「ああ、このお話を読んでやりたいな」と思う絵本を子どものために選び、自分でもそのお話のよさを感じながら読み聞かせれば、子どもは、身近な大人にお話を語ってもらう喜びを味わい、お話を共有することでその大人との絆を深めることが可能になります。子どもと接する機会のあるいろんな大人が、そんな働きかけを重ねていけば、かつての共同体のようにはいかなくても、子どもは温かい絆によって織りなされたセーフティネットをよりどころとして、のびのびと育っていくことができるでしょう。

＊

いまの子どもたちの育ちには、人間関係の体験の場となる共同体が失われたという以外にも、大きな問題があります。それは、戸外ですごす機会が大幅に減り、身体を使い、五感を使う体験が激減しているということです。昔なら、子どもたちは、たとえば親たちが農作業をしている田畑の近くで群れて遊ぶなどして、草木や土、鳥や虫、風や陽差しや水の流れが、季節や天候や時刻によっていろんな表情をあらわすのを、敏感に感じ取っていました。田んぼの畦道《あぜみち》を走ったり、木に登ったり、石から石へと跳んで川を渡ったりするには、たくましい身体能力が必要で、幼い子どもは大きい子たちに置いていかれまいとがんばりながら、自然に力をつけていくことができました。

残念ながらいまの社会は、そんな体験の場を子どもたちから奪い去ってしまいました。たっぷり外遊びをしたくても、ビルの立ち並ぶ都会にいては不可能だ、というだけではありません。列車の窓から外の景色をながめていると、野山や田畑の美しい土地はまだまだたくさん残っており、うねうねと続く畦道や小流れ、芽吹きのころの雑木林などを見ると、ああ、ここで途中下車して、あそこを歩いてみたいなあ、と思うこともしょっちゅうですが、どんなに魅力的な場所であっても、そこに群れて遊ぶ子どもの姿を見かけることは、ほとんどなくなっています。

その原因としては、子どもの数が減って遊び相手がいないこと、農作業が機械化され、働きながら子どもたちの様子を見守ってくれる大人も減ってしまったこと、テレビやゲームなどの室内遊びが子どもたちを惹きつけていること、子どもが犠牲になる犯罪を恐れて、親たちが子どもを外へ出したがらなくなったことなどが挙げられるでしょう。田畑には農薬がかかっていて危ないから近づくなと言われた、という話も聞いたことがありますし、地域全体の土地をみんなで使うという習慣が薄れ、どこならとがめられずに遊べるかがわかりにくくなったという問題もありそうです。

そんな具合ですから、いま、しっかりと身体を使い、五感を使って、自然に触れながら育つことができるのは、そういう体験をとりわけ大切にしている保育園や幼稚園に通う子どもたちだけかもしれません。でも、赤ちゃんのときからずっと室内で育ち、土に触れた経験すらないような子どもたちは、保育園や幼稚園へ通うようになっても、新しい体験に対して臆病で、せっかくの機会を満喫しにくかったりもするようです。

ここに、いまの子どもたちが絵本の助けを必要とする、もうひとつの理由があります。子どもの育ちに本来必要なのは、絵本よりもまずは豊かな実体験です。実体験には大切な二本の柱があって、そのひとつは「お話を共有すること」を含む人間関係の体験であり、もうひとつが、身体を使い五感を使う体験です。身体を使い五感を使うには、人工的な環境よりも自然環境が適していますから、これを自然体験と言い換えてもいいでしょう。ところがいま、この二本の柱がそろいもそろってやせ細り、子どもの育ちを支えきれなくなりつつあります。そのうち、人間関係の体験の不足を補うのには、すでに述べたとおり、絵本を読み聞かせることが大きな力になりうるのですが、じつは、自然体験の不足を補うに当たっても、絵本や物語が果たしうる役割はとても大きいのです。

＊

ある幼稚園で、一人の男の子が、両手を広げて園庭を駆けめぐりながら、「きんいろあらしがやってくるぞォーッ！」と叫びました。先生は一瞬呆気にとられたものの、じきに、その男の子は

『きんいろあらし』（ストーン作）の一場面を再現しているのだと気づきました。これは、黄色く色づいた柳の木の下に住む虫たちのところへ、とんぼのアカネさんが嵐の到来を知らせに来てくれて、みんな思い思いのやり方で身を隠し、嵐をやりすごすけれど、クモのセカセカさんが葉っぱごと飛ばされてしまって、さあ、どうしよう……というお話で、柳の枝が風にもまれる場面や、散った葉っぱが渦を巻く場面などの絵がすばらしく、忘れがたい印象を残します。「ああ、あれか」と思った先生が、ふと園庭のむこうに目をやると、そこでは柳の木が突風にもまれ、まさに絵本にあるとおりの光景が展開されていたそうです。男の子はいちはやくそれに気づき、アカネさんになりきって、警告を叫びながら飛びめぐっていたのでした。

このとき、この男の子が風にもまれる柳の木に注目し、激しい風の勢いを全身で感じながら駆けめぐるという行動に出たのは、『きんいろあらし』という絵本との出会いがあったからこそです。それがなければ、「寒いから早く園舎にはいろう」と思い、さっさと外界に背を向けて終わっていたかもしれません。ストーリーと絵で子どもの心をつかむ絵本に、自然への興味をかきたてたり、身体を動かして何かをしたいという欲求をよびさます力があれば、子どもたちは、「よくこんなことに気がついたねえ」と感心するような小さなことを目ざとく見つけ、短くても中身の濃い自然体験を満喫することができるのです。

それとは逆に、先に何らかの体験があり、あとでそれを思い出させるような絵本に出会う、というケースもあるでしょう。そんなとき、子どもはしばしばすばらしい勢いでその絵本に食いついていきますが、それは、ストーリーや絵がよりリアルに感じ取れるからであり、また、自分自身の体験があらためて思い出されて、意味のある記憶として心に刻み直されるからだと思うのです。そんな経験をした子どもは、その絵本が大好きになると同時に、自分の身体を使い、五感を使っていろんな体験をすることにも、さらに積極的になれるのではないでしょうか。

✻

絵本や物語というのは、現実からは切り離された架空の世界を作り出すものであり、だからこそ楽しいのだ、という考えもあります。たしかに絵本や物語にはそんな側面もあり、特に、メディア時代のいま人気の高い作品には、そういう傾向のものが目立つようです。しかし、幼い子どもにとって実体験がどれほど大切であるかを考えると、架空の世界で遊んでいればいいと思わせるような絵本を、積極的に子どもに手渡す気にはなれません。それに比べて、たとえば『きんいろあらし』のような絵本なら、子どもを実体験へと誘い、体験の密度を濃くし、自分のしてきた体験をくっきりと記憶に刻むのに役立ってくれます。こういう絵本ならば、不足しがちな実体験と車の両輪のように補いあって、子どもの育ちを支えてくれるのではないでしょうか。

さらにそこに、実体験から絵本へ、絵本から実体験へと行き来することの大切さを理解し、子どもたちがうまく行ったり来たりできるように手を貸すことのできる保育者がいたら、どんなに心強いことでしょう。運動会の前には運動会が出てくる絵本を、というようなことなら、どこでも行なわれていると思いますが、貴重な実体験をより密度の濃いものにする、という観点で考えると、題材が合っているだけではだめで、子どもの心にぐいぐいとはいりこむ力のある絵本を選ぶことが必要です。では、どんな本をどう選び、どう手渡していけば、不足している実体験を少しでも補い、子どもの育ちを支えていくことができるのでしょうか。

この本では、発達心理学者で二人の子どもの母親でもある湯澤美紀と、保育園で子どもたちと忙しくも楽しい毎日を送っている片平朋世と、豊かな現場経験をもとに幼稚園教諭育成に力を尽くしている梶谷恵子が、それぞれの視点に立って、子どもの育ちを支える絵本の力について、愉快な事例をたっぷりと交えながら語っていきます。梶谷恵子はまた、やんちゃざかりの孫たちのおばあちゃんでもあります。視点は、「散歩」と「食べること」と「安心と冒険」の三つで、納まりきらないことについては、最後にいくつかコラムを設けました。園の名前や子どもたちの名前は、すべて仮名です。

私も含め、四人で集まっては事例を語りあい、絵本を読みあいながらまとめましたので、「あ、その事例、こっちにほしい」といったことはしょっちゅうでしたし、いろんな現場で子どもたちとかかわっている「岡山子どもの本の会」の仲間たちからも、興味深い事例やいい絵本の情報をたくさん寄せていただきました。私の役目は、交通整理と、お伝えしたいことがより的確に伝わるように、みんなが書いてきた原稿にちょっぴり魔法をかけること……ゴースト・ライターならぬウィザード・ライターをめざして、みなさまに楽しく読んでいただけるようにがんばりました。

では、愉快な子どもたちとすてきな絵本が次々に飛び出す私たちのレポートを、どうぞお楽しみください。

脇　明子

目次

第3章　安心と冒険と …………………… 梶谷恵子・脇　明子　101

絵本選びと読み聞かせのために …………………………………… 165

装画　中島梨絵
装丁　後藤葉子

第1章　散歩をしよう

湯澤美紀
脇　明子

五感体験には散歩がいちばん

日々のくらしのなかで、豊かな実体験をするのには、散歩がなによりです。たとえ町のなかでも、子どもはいろんなことに楽しみを見つけ出します。雨降りの翌日、道のくぼみが水たまりになっているのを発見。雨のなかを歩く道具だった長靴は、さっそく「みずたまりようのくつ」に変身して、子どもの好奇心のお供をします。まずは水たまりにそろーっと足を沈めてみます。今度はストンと足を落として、ピシャンとしぶきをはねさせ、水の表情を味わいます。急ごしらえのちっぽけな池に、どこからかアメンボが遠出をしてきました。水の上をスイスイと進んだかと思うと、目の前からさっと飛び立つ不思議な生きものとの出会いは、子どもの心を驚きでいっぱいにします。

散歩はそんなふうに、小さな発見や偶然の出会いに満ちており、ときには水たまりひとつが冒険への入り口になることさえあります。ましてやそれが自然豊かな田舎道の散歩だったら、子どもの五感はのびのびと開かれ、もっともっとたくさんの喜びや驚きをキャッチすることができるはずです。

＊

散歩をするということが、どんなにすてきかを実感させてくれる絵本として、『むぎばたけ』（アトリー文、片山健絵）の右に出るものはそうそうは見つからないでしょう。これは、アリスン・アトリーの短いお話に片山健が絵をつけて、絵本の形にしたもので、最初から絵本として作られたものよりは文章の量が多いのですが、言葉の力と絵の魅力が子どもたちをとらえ、すーっとお話のなかに引きこんでいきます。全体としては、ハリネズミとノウサギとカワネズミの三びきが、月のきれいな晩に、「ムギののびるとこ」を見ようとムギばたけまで散歩する、というだけのお話ですが、ついに目的地に着いて、三びきの目の前にいちめんのムギばたけがひろがる場面になると、子どもたちは息をひそめて、まじまじとその静かな景色に見入ります。

どきどきさせる冒険でもなんでもないこのお話に、なぜそんな力があるのでしょう。その秘密を探るために、最初から見ていくことにしましょう。「あたたかい、かぐわしい夏のゆうべ」、ハリネズミが鼻唄を口ずさみながら、野道をやってきます。「お月さんのランプに／お星さんのロウソク／夜ごとはるばる／さまよう　おいら」という「かぼそい声」に「とんとん、足びょうしがまじります」と語られると、聞き手は思わず耳をそばだて、ふだんは聞き逃しているような小さな音も、ちゃんと聞き取ろうとします。「せなかの針に夜風がさわやかです」と言われると、針の先でも風を感じることのできる鋭敏さが呼びさまされます。

やがてハリネズミは、大都会へと続く幹線道路のそばを通ります。生け垣をまぶしく照らすヘッドライトは、ハリネズミには「金の大目玉の怪物が、ゆくてにあるものなんでも、とってくうみたい」に思えます。そこをすぎて、ノウサギに出会い、いっしょに歩きはじめたとき、ハリネズミは、「今夜は、空のランプがあかるいねえ」と言い、人間の懐中電灯や自動車の「ぎらぎらしたおっかないあかり」とはちがって、「きいろい、ほっとするひかり」だとほめたたえます。挿絵には、明るい月を浮かべた青紫の空と、野花の咲き乱れる緑の野道を行く三ひきの姿が描かれ、「月夜ってこんなに明るくて、美しいものだったんだ」と、再認識させられます。

じっさいには、満月の晩に野原に出ても、こんなに美しい色は見えませんが、デリケートな感覚を持った小動物に同化し、「草の葉のそよぎ」や「しろい蛾のむらがる花のかおり」がちゃんとわかるような気がしてくると、五感を全開にして味わう月夜の野原は、まさにこうにちがいないと思えてきます。

そのあとさらにカワネズミに出会い、やがて三びきは、目的地である丘の上に着いて、「かがやくコムギばたけ」を見下ろし、「おびただしいムギの穂の、さやさやというつくしい音楽」に耳をすますのですが、この絵本を読んでもらった子どもたちが、その光景を前にしてシーンと息をひそめるのは、動物たちといっしょにそこまでの散歩を楽しみながら、五感をしっかりと目覚めさせ、感度をよくしてきたからではないでしょうか。ストーリーとしては、およそ波瀾のない、退屈とも思われかねないものですが、日頃、五感を眠らせている子どもたちにとっては、これは新鮮な感覚の世界への大冒険なのにちがいありません。

まずは歩くことから

五感を全開にできるすてきな散歩をするためには、まず歩くこと。でも、人間の子どもは、ほうっておいて歩けるようになるわけではありません。じつはサルだって、「サルも木から落ちる」ことをくり返しながら練習しないと、木の上を自由自在に動きまわることはできないということを、ご存じでしたか。動物学者の河合雅雄は、サルの研究から見えてきたことを参考にしながら人間の子どもの育ちを論じた『子どもと自然』(岩波書店)において、次のように語っています。

ニホンザルの子どもは、生まれてしばらくは全く運動能力がない。あかんぼうはなんとか歩こうと、全力をふりしぼって努力する。手はどうにか動いても、足の運動機能の発達が遅れるから、足は引きずったままでにじり歩きをする。しかし、母親は少しも手伝いはしない。自発的な運動能力の獲得を見守っているだけである。十分歩けるようになると、木登りを始めるが、それも最初はうまくいかない。ぎごちない行動でよちよち登り、ときには落下する。サルも木から落ちるという諺があるが、全くその通りである。木登りはサルの専売特許のように思われているが、これだって一生懸命練習して身につけるのである。こうした運動能力の開発は、すべて誰に教えられることもなく、見よう見まねで試行錯誤をくりかえしながら自分で覚えていくものなのだ。

ああ、人間もサルも、おなじ生きものの仲間で、近い親類なんだなあ、と思いませんか。歩きはじめの子どもの姿が思い出されますね。一歩を踏み出すのにも勇気がいって、「さあ、行くぞ」というときには、緊張感がみなぎります。そして、一歩。緊張から解き放たれた笑い声が、次の一歩を後押しします。果敢なチャレンジぶりに、見ている大人ははらはらしますが、スリリングな冒険を経て、ほんの短い距離でもちゃんと歩き通せたときの喜びはひとしおのようです。

❋

歩くことそのものの喜びをストレートに描いた絵本に、『くつくつあるけ』(林明子作)があります。描かれているのは靴だけで、子どもの姿はありません。でも、ふっくらした靴の姿は、そこに子どもの足があることを感じさせます。靴は「ぱた　ぱた」と歩きだします。「ぱたぱたぱたぱた」と走ってみます。つまさきで「とん　とん　とん」。今度ははねて「ぴょん　ぴょん　ぴょーん」。あっ、あぶない。「ごろん」と転んでしまいました。でも、ひとりで起きます。「よいしょ　どっこいしょ」。最後にはすっかりくたびれて、右足の靴が左足の靴にもたれかかり、「ぐー　ぐー　ぐー」と眠ってしまいました。

たしかに、歩く練習をはじめたばかりの子どもたちにとって、靴をはいた自分の足は、まだ完全に自分のものにはなっておらず、使いこなせない道具のような、ペアを組んだばかりのパートナーのようなものなのではないでしょうか。思わぬ動きをして、自分をひっくり返しかねない足を、信用ならないもののようににらみながら歩く子どもの姿を思い出すと、靴だけを描いたこの絵本は、奇をてらったものではなくて、まさに子どもの視点に立ったものだということがよくわかります。子どもは、歩く子どもの姿を外から見ているわけではありませんものね。

ある保育園の二歳児のクラスで、子どもたちにこの絵本を読み聞かせたときのことです。「あっあぶない　ごろん」のところを読むと、聞いていた一人の女の子が、先生の目の前でコロンと転びました。そして、すぐにニコッとして起き上がりました。転ぶ感覚、起き上がる感覚を、もう一度たしかめてみたくなったのでしょうか。子どもにとっては、「転ぶのもまた楽し！」なのですね。

＊

このところ、幼稚園、保育園では、歩くことの苦手な子どもが目につくようになっています。平らなところでは大丈夫でも、階段は苦手な子ども。送迎バスのステップを下りられない子ども。転ぶとき、うまく手をつけなくて、顔をぶつけてしまう子ども。

ある幼稚園の三歳児クラスにも、そんな子どもがいました。みんなは楽しげに園庭を駆けめぐっていますが、その子は平らなところでもすぐにつまずき、転んでしまいます。園庭には小高い丘があり、その上には秘密基地がありますが、みんながそこへ駆け上るのを、その子はいつも、ただながめているばかりです。先生に誘われて、やっとゆるやかな坂を上りはじめましたが、すぐに腰がひけ、いつ転んでもいいように両手を前に突き出したまま、動けなくなってしまいました。その横をほかの子どもたちが、すいすいと上っていきます。

その子は月齢が低いわけではありませんでした。ただ、入園までのあいだ、歩くという体験が極端に不足していたことがわかりました。お母さんによれば、移動は常にベビーカーか自動車という生活だったのです。幸いその幼稚園は、子どもたちの外遊びをとりわけ大切にしていたので、日々の散歩や山歩きを通して、その子はみるみる歩く力を獲得し、半年ほどかかりはしましたが、園庭の丘にも駆け足で上れるようになりました。大人にとっては便利なくらしが、子どもの大切な体験を減らしてしまうことになっていないか、振り返ってみる必要がありそうですね。

好奇心をエンジンに

サルの子どもだって、落ちることをくり返しながら木登りの技を身につけていくと言いましたが、そんなに一生懸命になれるのはなぜなのでしょう。本能がそうさせるのだ、と言ってしまえばかんたんですが、本能にだって、空腹を満たそうとする本能、危険から身を守る本能など、いろいろあるはずです。木登りの技は、おいしい果物を手に入れるのにも役立ちますし、襲ってくる敵から逃れるのにも役立ちますが、そんな遠い目的を意識しながら鍛練にはげむ、というのは、サルであれ、人間であれ、幼い子どものやりそうなこととは思えません。

では何が幼い子どもを衝き動かしているのかというと、それは好奇心ではないでしょうか。赤ちゃんが抱かれた姿勢からしきりに手を伸ばそうとするのは、その先に何か目新しいもの、さわって、つついて、なめて、どんな感触か、どんな反応をするか、たしかめてみたいものがあるからです。ハイハイができるようになれば、自分でそれに近づいていけますし、よちよちとでも歩けるようになれば、自分で探索できる世界は一気に広がります。

歩けるようになったばかりのときには、まず片足を出し、体重の移動に手こずりながらもう片足を出し、それでもなんとか立っていられて、少し前に進めたというだけでも、わくわくするほどおもしろいはずですが、歩けることそのものの喜びが薄れてきたとき、さらに前へ前へと子どもたちを駆り立てるのは、さまざまなものへの熱い好奇心にほかなりません。

❋

やっかいなことに、「好奇心でいっぱい」という状態は、幼い子どものあり方としてとりわけ大切であるにもかかわらず、それをひとことでぴたりと言い表す言葉が、日本語には見つかりません。英語なら「キュアリアス」という形容詞ひとつですむのに、「好奇心」という、子どもにはむずかしい言葉を使い、さらに「好奇心でいっぱい」「好奇心を持っている」などと余分な言葉をつけたさないと、おなじ意味にはならないのです。

H・A・レイが好奇心旺盛な小ザルのジョージを描いた楽しい絵本“Curious George”が、日本語訳では『ひとまねこざる』(レイ文・絵)にならざるをえなかったのは、そのためでした。同様に、“The Curious Little Kitten”すなわち「好奇心旺盛な小さいこねこ」と題された絵本は、『いたずらこねこ』(クック文、シャーリップ絵)と呼ばれることになりました。でも、これらに描かれているのは、ほんとは「ひとまね」でも「いたずら」でもなく、好奇心にあふれた幼い子どもの探索行動そのものです。題名からもそのことがちゃんと伝われば、これらの絵本の魅力がもっとわかってもらえるのにと、残念な気がしますが、「これだ！」と言えるような言葉が存在しないのでは、しかたがありません。

『いたずらこねこ』の舞台は、左の端に小さな池があり、右の端に柵があり、地面が一本の線で表現されただけの、まっ白な空間です。それが終始一貫変わりませんから、小さい子どもたちにもわかりやすいはずです。最初、左の池にはカメがおり、それが池を出て、少しずつ右へ進んでいきます。右の柵からはこねこが顔を出していて、少しずつ左へ進んできます。やがて両者は顔と顔を突き合わせますが、その場所はまんなかよりも右寄りで、こねこが「ちょっと怖いけど、見たい」とおそるおそる出てきたことを示しています。

カメとこねこの両方が同時に行動するお話は、小さい子どもには少しむずかしそうですが、この絵本ではそれについてもうまい工夫がなされています。その工夫とは、少なくとも最初のうちは、カメの行動については左ページに、こねこの行動については右ページに、文を分けて書いてあるということです。もちろんこれを読んでもらう小さい子は、まだ文字は読めないでしょう。でも、文字の列を指さしながら読めば、「これはカメについてのお話だな」「今度はこねこについてのお話だな」と、頭を切り換えながらついていきやすいのではないでしょうか。ページのほとんどがまっ白で、文字の存在が目立つのも、理解を助けるための適切な配慮だと思います。

ともあれこねこは、はじめて見る「へんなもの」に好奇心をそそられ、「ようじんしいしい」近づきます。やがて相手が立ち止まったので、前足でポンとたたいてみたら、なんとカメは首をひっこめてしまいました。そこでちょっとあとずさりをしてから、まわりをぐるっと歩いてみる様子は、まさに子どもの探索行動そのものです。見ただけではわからないので、もう一度ポンとたたいてみます。するとカメは足を全部ひっこめ、こねこは仰天して立ちすくんでしまいました。

やがてカメはそろそろと足を出し、鼻をのぞかせ、おびえて後ずさりするこねこのほうへ、ゆっくりと進みはじめました。こねこはカメに押されるように、じりじりと後ずさりを続けますが、あいにくそのうしろには池があります。ここまで来れば、読んでもらっている小さい子どもたちにも、その先起こることが予想できるはずです。そう、案の定こねこはパシャーンと池に落ち、あわてて飛び出してカメを飛びこし、柵のむこうの自分の家へ駆けもどりました。絵本には「それからというものは、こねこは……（略）……けっして、にわへ　はいってこようとは　しませんでした」とありますが、これはちょっとちがうんじゃないかという気もします。子どもの好奇心というのは、いくら「みずが　だいきらい」でも、ちょっとやそっとでは懲りないパワーの源であるはずだからです。

✻

もう一ぴきのキュアリアスな主人公である『アンガスとあひる』（フラック作・絵）の小犬アンガスも、探索行動の果てにあひるたちに追われ、ほうほうのていで家に逃げ帰り、いちばん安心できる「ソファの　した」にもぐりこみますが、アンガスの場合、キュアリアスでなくなったのは、「とけいの　きざむ、いち、に、さんぷんかん」だけでした。ここでも、翻訳では「なにごともしりたいと　おもいませんでした」と、多少すっきりしない表現になっていますが、この絵本の場合は、最初に小犬のアンガスを紹介するにあたって、「ソファの　したには　なにが　いるだろう」「かがみの　こいぬは　だれだろう」と「みるもの　かぐもの　なんでも　しりたがりました」と、いろんな探索行動を絵で見せながら説明してくれているので、「ああ、あんなふうではなくなっていたということだな」と、了解することができます。

この絵本の中心となっているのは、アンガスが「いけがきの　むこうがわから　きこえてくる、やかましい　おとの　しょうたい」を知りたいと思い、抜けだせるチャンスをつかんで、生け垣の下をくぐって二羽のあひるに出会う、という事件です。見開きの横長い画面を生け垣が二つに区切り、左側にひもにつながれたアンガスが、右側に二羽のあひるがいる場面は、「アンガスは音の正

体を知らないけれど、読者である自分はそれが白い鳥たちであることを知っている」という、幼い子どもにはちょっとむずかしい認識を促します。他者の知識や感情を、自分の知識や感情とはちがうものとして認識することを「心の理論」といい、それがちゃんと身につくのは四、五歳になってのことだと言われますが、この絵本はそれが身につかないとわからないようなものではなく、それなりに楽しんでいるうちに認識を育ててくれるという意味でも、ありがたい本のひとつです。

さて、あひるたちに出会ったアンガスは、うなって吠えてあひるたちを追います。これはいかにも犬らしい行動です。あひるたちはじきに「やなぎの　こかげの　いしの　みずのみば」で立ち止まり、冷たい清水を飲みますが、アンガスはそれをじっと見ていて、さっそく自分もやってみようとします。吠えてあひるたちを追い払ったアンガスが、柳の木で小鳥がさえずり、木漏れ日のなかに草花が咲き乱れる水飲み場で、「つめたい　しみずを　ぴちゃぴちゃ」飲んでいる場面は、なんとも気持ちがよさそうで、そのあとあひるたちの反撃にあい、やっとの思いで逃げ帰ることになっても、「ああ、あれはすてきだったな」と思い返せる「冒険の成果」になったことでしょう。

「こんにちは」で広がる世界

好奇心をエンジンにした探索行動は、いろんな出会いの宝庫です。散歩をすれば、虫や鳥や草花、動物や木々などに出会えますし、人と出会って言葉をかわせば、子どもの世界はどんどん広がっていきます。大人がついつい見すごしてしまいがちな小さな出会いのひとつひとつを、子どもたちはしっかりと受け止め、成長の糧にしていきます。

みのり保育園の散歩コースは、いろんな人たちとの出会いでいっぱいです。子どもたちはもう慣れたもので、工事中の作業員の方や、郵便配達の方、庭の剪定をしている方などに、「こんにちはぁ」「何してるんですかぁ?」と、気軽に声をかけます。「何だろう?」の気持ちがむくむくっと湧いてくると、子どもたちは、人懐っこい笑顔や知りたがりの顔をパスポートに、人々の生活の中にすーっと入りこんでいきます。ちょっと引っ込み思案で、そんな声かけができない子どもも、大人から返ってくる言葉に耳を澄まします。

ある日、集会所の前を通っていると、道に音楽が流れてきました。着物姿で傘を持ったおばあちゃんたちが、踊りの練習の最中でした。子どもたちがそっとのぞくと、「まあ、かわいいねぇ。ちょっと入ってこられぇ」と誘われ、ぞろぞろ入って踊りを見せてもらうことになりました。最初のうちはお行儀よく見ていましたが、子どもたちの身体は、やがてひとりでに踊りだしました。子どもの笑い声と大人の笑い声とが混ざりあって、集会所に響きわたります。

いま、子どもたちは、「知らない人には用心しなさい」と教えられ、ただでさえ乏しい人との出会いのチャンスを、ますます少なくしているようです。たしかにいろんな事件がありますから、心配したくなるのは当然ですが、そのせいで人づきあいに臆病になってしまい、「人を見たら泥棒と思え」を信条に一生を送ることになっては残念です。

それよりも、みのり保育園の子どもたちのように、こっちから「こんにちは」と声をかけてみるのはどうでしょう。それに気持ちよく「こんにちは」と応えてくれる大人、知らん顔で通りすぎる大人、次からはちゃんと覚えていて、むこうから「こんにちは」と言ってくれる大人……いろんな反応をする大人たちを見ていれば、どういう人はおつきあいのできそうな人で、どういう人は避けたほうがいいか、子どもなりに人を見る目が育ってきます。それに、「ああ、あの子だ」と覚えていてくれる大人が増えれば、いざというときに手を貸してもらいやすくなりますから、それだけ安全にもなるはずです。

『こんにちは』（渡辺茂男文、大友康夫絵）の絵本は、ちょっと人見知りな子どもにも、あいさつの楽しさを教えてくれます。散歩に出たくまくんが、最初に「こんにちは」と声をかけるのは、お花や雀や猫や犬。ちょっと慣れてきたら、今度は、牛乳屋さんや、新聞屋さんや、郵便屋さんにも声をかけてみます。大人はみんないそがしそうに働いていますが、くまくんのあいさつに温かいまなざしを返してくれる人もいます。いろんな人との出会いによって、くまくんの世界は少しずつ広がっていきます。

新しい世界をひとしきり探索したら、お家に帰りたくなってきました。せんたくものを干していたお母さんに「こんにちは」。ちょうどいいところに帰ってきたお父さんにも「こんにちは」。まだ「ただいま」や「おかえりなさい」を使い分けるところまで行かないのが、ほんとにかわいいですよね。お母さんもそう思ったみたいで、「かわいい　かわいい！」と抱き上げてくれますし、お父さんは高い高いをして、「やあ、こんにちは」とあいさつを返してくれます。お父さんやお母さんからもらえるこの安心感があるからこそ、くまくんは好奇心をみなぎらせて、外の世界へ出かけていけるのですね。

『コッコさんのかかし』

みのり保育園の子どもたちは、田畑に出ている大人がとても大切な仕事をしていることをよく知っています。その分、知りたいこともたくさんあります。ある日、散歩コースの道ばたに置かれた籠のなかに、ジャガイモがたくさん入っていました。そのジャガイモは、どれも半分に切られていました。

保育士の先生にはすぐ種芋だとわかったのですが、子どもたちは、「ゆでて食べるんかな？」「カレーに入れるんじゃ」などと議論をはじめました。「聞いてみる？」と促すと、子どもたちはさっそくいつものように、「何してるんですかぁ?」と元気よくたずねました。すると、畑を耕していたおじさんは、それが種芋であることから、その植え方に至るまで、ていねいに教えてくれました。

いまの時代、何か知りたいことがあれば、インターネットでさっさと調べることができます。しかし、畑で汗を流しながら種芋を植えつけている農家の方が、わざわざ手を休めて教えてくれたことは、それとは比べものになりません。子どもたちは、自分たちが社会に受け入れられていることを実感しながら、生きた情報を自分のなかにしっかりと根づかせていきます。

そうそう、その時おじさんが教えてくれたことは、翌週のジャガイモ植えのときに、そっくりそのまま再現されました。そんなふうに植えたジャガイモは、いつもよりずっと熱心に育てられ、とびきりおいしいものになることでしょう。

❀

田畑というのは、土や植物や虫や鳥などと出会える上に、農作業をしている人たちとの出会いもあって、子どもたちの散歩には最高の場所です。そのすばらしさをあますところなく伝えてくれるとびきりの絵本、『コッコさんのかかし』(片山健文・絵)を見てみましょう。

主人公のコッコさんは、お父さんやお兄ちゃんといっしょにかかしを作り、近所の畑に立ててもらおうと持っていきました。種まきをしていたおばさんは、とても喜んで受け取ってくれました。

そのときには黒々としたうねが並んでいましたが、次にコッコさんがかかしの様子を見にいくと、うねには緑色の芽が並び、かかしはその隣のやさい畑のねぎ坊主のむこうに立っていました。それからというもの、コッコさんは、まっ暗な晩にお父さんの自転車に乗せられて畑のそばを通るときも、雨のなか、黄色い傘で登下校をするときも、かかしの様子と畑の様子に気を配らずにはいられません。

ときには、おばさんがコッコさんたちを見つけて畑に入れてくれることもあります。組み合わせた支柱のまわりに青いトマトが群がり、敷き藁の黄色がまぶしい場面では、トマトの青臭い匂いや、雨上がりの敷き藁の匂いが思い出されます。お兄ちゃんはカボチャ畑のあいだで、蛇を見つけました。

いま、「思い出されます」と言いましたが、青いトマトの匂いも藁の匂いも嗅いだことのない子どもは、この絵を見ても何も感じないかというと、たぶんそんなことはないと思います。匂いなんて嗅いだことないという子どもはいないはずで、みんな、豊かとは言えなくてもそれなりの匂い経験のレパートリーを持っており、それが視覚、聴覚、触覚、味覚などの経験レパートリーと、あちこちで重なり合い、つながり合っているはずです。絵は視覚にしか訴えることができませんし、言葉はどの感覚についても間接的に語ることしかできませんが、画家や著者が、描きたい世界をしっかりと五感でとらえ、絵なり言葉なりでなんとかそれを伝えようと工夫してくれていれば、受け手はそれを受け止めて、自分の五感でそのなにがしかを再現することができます。似た経験を持っていれば、かなり迫真的な再現ができますが、そうでなければ、自分の経験レパートリーを活用して、多少ともそれらしい感覚を作り出します。そうすることが感覚のトレーニングになり、それまでは関心を持たなかった匂いや触感などに心を開いていくことにもつながるかもしれません。

さて、コッコさんはそのあと、おかぼがたわわに実って刈り取られ、刈り株の並んだ晩秋の畑にかかしがひとり立つところまでを見守っていきますが、なかでもとりわけすばらしいのは、台風が来て、激しい雨風にさらされた窓のなかから、コッコさんとお兄ちゃんとお母さんとが、心配そうに外の様子を見つめている場面です。コッコさんは、台風のなかにいるかかしのことが心配でならないのです。次の場面には、まっ黒な雲と荒れ狂う雨風のまっただなかで、上下さかさまになったようなかかしの姿が描かれていますが、これはたぶんコッコさんが想像している光景でしょう。もしもコッコさんが、自分のかかしを畑に立ててもらっていなかったら、台風が外で荒れ狂っても、「家のなかにいれば平気」と気にしなかったかもしれません。ところが、気になる存在であるかかしがいつも畑にいるおかげで、コッコさんは雨風に打たれるのはどんな感じかと想像したり、夜の闇や焼けつく陽差しのなかで畑がどんな匂いを立ち上らせているかを想像したりせずにはいられません。そして、読者もまたその想像に、多少とはいえ参加することが可能なのです。

試してみたい！

散歩が大好きなみのり保育園の子どもたちは、小雨が降ったくらいで、楽しみにしていた裏山探険をあきらめたりはしません。「雨でも行けるよ！」と自信満々なのはうれしいけれど、四歳児が傘をさして山道を歩くのは危なっかしすぎます。A先生が子どもたちといっしょになって、「どうしよう?」と頭をひねっていると、「雨合羽《あまガッパ》を作ろう！」というアイディアが、子どもたちのほうから飛び出してきました。ゴミ袋を一人二枚ずつ使い、一枚に穴をあけて着こみ、もう一枚を切り開いてフードにしたら、立派な雨合羽になりました。

雨のなかの散歩は、草木の色や匂いがいつもとちがって、格別の気分です。そんな散歩ははじめてだった子どもたちは、きょろきょろしながら歩いていましたが、その目の前にカエルが一ぴき、ピョーンと飛び出してきました。子どもたちは「カエルだぁー！」と大興奮。よってたかって捕まえ、「保育園で飼う！」と言い出しました。困ったA先生は、「カエルはここのほうがくらしやすいんだよ」「餌はどうするの？　困るよ」などと説得を試みましたが、子どもたちは断固として聞き入れません。「B先生に言ったら、ケースを出してくれるよ」「ぼくたちで餌は見つけるから」「水かえもちゃんとやるよ」と、口々に言います。しまいには、「雨のなかに置いといたら、かわいそうだよ」とまで言いだし、みんながそれに同調して大まじめにうなずく様子に、A先生も根負けして、「自分たちで持って帰るのなら」と、許しました。

カエルはもちろん逃げようとして、子どもの手のなかで暴れましたが、持ちきれなくなるとほかの子と交代して、ついに子どもたちは保育園までカエルを連れ帰りました。ケースを出してもらってカエルを入れ、さて、餌はどうしよう、となって思い出したのが、『ゆかいなかえる』（ケペシュ文・絵）。これは、オタマジャクシから育った四ひきのカエルが、競走やカタツムリ隠しをして遊んだり、食べようとねらうサギやカメからたくみに逃げたりする様子を、いきいきと楽しく描いた絵本です。それには「とんぼのたまご　みずくさで　おいしいごはん」とありましたが、水草はともかく、トンボの卵はそうかんたんには見つかりません。結局、図鑑を調べて、「生きたハエ」を食べると知り、さっそく子どもたちの「ハエとり大作戦」がはじまりました。

しかし、ハエを生かしたままカエルに届けるのはむずかしく、カエルは次第にやせていきました。

「ゆかいなかえる」と友だちになれるはずだったのに、元気をなくしていくカエルの姿を見た子どもたちは、やはり、もといた裏山に返したほうがいいと納得し、みんなで返しに行きました。最初につかまえた場所にそっと置いてやると、カエルはそこにあった土手に上りはじめました。あまり元気とは言えませんが、それでも少しずつ跳ねて上っていきます。子どもたちは口々に「がんばれ！」「もうちょっと！」「やったぞ！」と声援し、「また会いにくるからね」と、別れを告げたのでした。

＊

大人が何気なく読み聞かせた一冊の絵本が、子どもたちの好奇心に火をつけることもあります。ある朝、意気揚々と幼稚園にやってきた三人の子どもたちから、何やら丸いものがごろごろとはいったビニール袋を渡されたC先生は、いったい何事なのか、さっぱりわかりませんでした。「これなあに？」と、たずねると、あたりまえのことを聞くなよと言いたげな顔とともに、「ひがんばなだよ」という答えが返ってきました。

そういえば、お彼岸の休みの前に、何を読もうかなと絵本の棚を探したC先生は、たまたまそこにあった『ひがんばな』(甲斐信枝作)を、季節にぴったりだと思って読み聞かせたのでした。でも、その前からよく知っていた絵本というわけではなかったので、先生の頭に残ったのはまっ赤な花の印象ばかりで、球根のことは意識になかったのです。子どもたちの意図がつかみきれないままのC先生を尻目に、三人は園庭に出ていって、球根を土の上に置きはじめました。植えるのではなく、置いていくのです。その様子を見ていて、やっと先生にもわけがわかってきました。

絵本『ひがんばな』は、まっ赤に燃える花の様子からはじまりますが、おもしろいのはそのあと

です。花が終わると、ひがんばなは養分をすべて球根に吸いもどし、それから葉っぱを出してどんどん茂り、球根を増やしていきます。その球根のたくましさは驚くほどで、「おおみずに　おしながされても／にんげんに　ほりすてられても／じりじりと　つちのなかに／ねっこを　おろし」、そのねっこが「ぎゅっと　ちぢんで／きゅうこんを　つちのなかへ／ひっぱりこみ」、一年も二年もかかって、土のなかへひきずりこんでしまうというのです。その様子をリアルに描いた絵はじつに力強く、まるで不屈の意志を持った動物のような息づかいさえ感じさせます。

子どもたちがそのたくましさに魅せられたのも、無理はありません。ほんとに球根が自分で土のなかにもぐりこんでいくか、園庭の土の上に置いて実験してみたい一心で、球根を掘ってきたのでした。それにしても、幼稚園児の力でよく球根が掘れたものだというC先生の疑問も、次の散歩であっさり解けました。ほかの子どもたちも球根が掘りたいというので、その願いに押されて三人組に案内を頼んで行ってみると、三人はひがんばなの咲いている土手の下におりて、土手の斜面を掘りはじめたのです。なるほど横からだったら、小さい子どもの力でも掘れるはずです。

大人はただ読み聞かせただけだったのに、そこで出会った「おもしろいこと」を心に焼きつけ、「自分でやってみたい」と意欲を燃やし、お休みのあいだに自分たちで球根掘りに出かけ、土手の側面から掘るということを思いついた子どもたちの実行力と探究心に、C先生は深い感銘を受けました。それと同時に、自然界の事実をリアルな絵でまっすぐに見せてくれるだけの絵本にも、子どもの心をしっかりとつかむ力があるということ、「楽しい絵」や「愉快なお話」がなくったって、本当に力のあるものはちゃんと子どもに届くんだということにも、改めて気づかされたのでした。

雨や風は都会の自然

自然体験が大切なのはわかるけれど、住んでいるのは街のまんなかだし、庭もないし……とお思いの方もいらっしゃるのではないでしょうか。でも、ご心配なく。どんな大都会にも、雨は降りますし、風も吹きます。ときには雪だって降るかもしれません。

『あまがさ』(八島太郎文・絵)は、ニューヨーク生まれの女の子モモが、生まれてはじめて雨傘をさして歩いた日のお話です。三つの誕生日に赤い長靴と雨傘をもらったモモは、はやくさしてみたくてたまりません。ところが、そんなときにかぎって、雨はいっこうに降らないのです。絵で見る窓の外には四角いビルが立ち並び、一枚の絵に街路樹らしきものが一本見えるだけで、いかにも殺風景な感じです。

でも、ついにある朝、「いいことが　ありますよ」というお母さんの声で目をさましたモモは、

長靴をはき、傘を持って、雨のなかへ出て行くことができました。「コンクリートの　みちは　あめにぬれて、まっさら」で、昨日モモが描いた落書きはあとかたもありません。そのかわり雨の滴が「ダンスをしている　こびとのように」はねまわっています。絵には、四角く区切られた平らな路面に、雨が降りそそぐ様子が描かれているだけですが、モモがどんなにうれしい気持ちでその光景を楽しみ、音や匂いや顔にかかる水滴の感触を味わったかが想像できます。

幼稚園へむかうモモは、両手にしっかりと傘をにぎりしめ、「わたし、おとなのひとみたいに、まっすぐ　あるかなきゃ！」と自分に言い聞かせています。お母さんらしい大人と、傘にすっぽり包まれたモモの足元には、濡れた路面に映る影が見えています。傘の上では、雨が「ぽん　ぽろぽん　ぽろ」「ぽんぽろ　ぽんぽろ」「ぽとぽと　ぽんぽろ」と「ふしぎな　おんがく」を奏でています。雨は幼稚園にいるあいだも降りつづき、迎えにきてくれたお父さんといっしょに帰る道でも、あいかわらず「ぽんぽろ　ぽんぽろ」と歌いつづけていました。

お話は、すっかり大きくなったモモが、自分では覚えていないこの出来事に思いをはせる場面で終わりますが、最後にひとこと、ハッとするようなすてきなことが書いてあります。それは、「はじめて　あまがさを　さした」この日が、「モモが　うまれて　はじめて、おとうさんや

おかあさんと　てを　つながないで、ひとりで　あるいたひ」だったということです。大人にはわずらわしいだけかもしれない都会の雨も、はじめて一人で歩く子どもには、道をまっさらにし、「ふしぎな　おんがく」で足取りをはずませてくれる、とてもすてきなものになりうるのです。

＊

都会に降る雨を描いた絵本としては、『あめのひ』(シュルヴィッツ作・画)も忘れるわけにはいきません。これは、屋根裏の寝室にいる女の子が、「あめが　ふりだした」のを聞きつける場面からはじまります。次は「まどに　ぴしゃぴしゃ」降りそそぐ雨、それから、連なる屋根に落ちる雨、街をすっぽり包み、といからあふれ、どぶを流れていく雨へと、イメージが展開していきます。ここまではすべて都会の風景で、立ち並ぶ家々のあいだには街路樹一本見えません。

でも、この絵本では、そこからイメージが大きく広がりはじめます。「あめだ！　のやまに　あめだ」という言葉をそえて、見開きいっぱいに山が連なり、耕地がうねり、そこここに木が立ち並びます。次のいくつかの場面には、つやつやした水滴を宿した草や、低く飛ぶ鳥たち、がまの生い茂る池で遊ぶカエルたちが描かれます。そして今度は、林をぬって流れる小川が、滝になって山を下り、海に注ぎ、さかまく大波となり、地球の丸さを感じさせるほどのスケールで描かれた大海となります。これがクライマックスで、場面はまた都会の情景にもどり、雨上がりの水たまりで水浴

びをする鳥たち、はだしで踊る子どもたちを登場させ、最後はまた窓を伝う雨を背にした女の子の姿で終わります。

どうやらこれは、屋根裏部屋にいる女の子が、雨の音に耳をそばだて、窓を伝って流れる水をながめながら、どんどんくりひろげていった想像を描いたもののようです。『宝島』の作者スティーヴンスンが子どものために書いた詩のひとつに、「そこらじゅう　雨が降ってる／野原にも木にも降ってる／この傘の上にも降ってる／海にいる船にも降ってる」（「雨」脇明子訳）という短い詩がありますが、雨は、ふだんは見えている景色を灰色のヴェールで隠してしまうかわりに、おなじ雨に包まれている世界をひとつながりの親しいものと感じさせる力を持っています。最後のひとつ手前の場面には、「みずたまりは　そらの　かけら　ぴょんと　とびこそう」という言葉をそえて、空や街を映した水たまりと、駆けていく女の子の後ろ姿が描かれていますが、雨は空の上を散歩する楽しみさえも届けてくれるんだなあと気づかされます。

❀

風を楽しむこつを教えてくれるのは、『かぜフーホッホ』（三宮麻由子文、斉藤俊行絵）です。女の子が家のなかで本を読んでいると、風が「フー

パフッ　パフパフパフパフ」とカーテンをふくらませ、本のページをめくります。お兄ちゃんに散歩に誘われて外に出ると、干してあるシーツが「ブオッファ　ブオッファ」と鳴っています。巻き上げられた落ち葉は「チッチリ　カシュクシュ」と踊っています。プラタナスの木が「ドウワー」と揺れると、葉っぱは「トパ　タパ　テパ」と鳴ります。河原のすすきを「シシシシ　ザザザザアー」と騒がせる風に押されて、女の子は倒れそうになり、ふんばります。

そのあと女の子は、お父さんと凧あげをし、それから竹藪へ行って、竹がぶつかる「タンカンコン」という音や、葉っぱがこすれる「ウーオン　スサー」という音に耳を澄まします。広場の風とかけっこするときの「フーホッホ」という音は、走る女の子の息づかいにも聞こえます。

幼稚園の四歳児クラスでこの絵本を読み聞かせたら、真剣な表情で見入る子や、風の音を小さな声でまねてみる子がいたそうです。木が揺れる場面の迫力に、「うわぁ」と歓声も上がりました。読み終わるとすぐ、子どもたちは先生のところに駆け寄り、「先生、ぼくのうちの木は、ザザーザザーっていうよ」「ちがうよ、サササーサササーだよ」と、口々に言いはじめました。それといっしょに手を大きく動かし、風になりきっているようです。

次の活動に移ろうとしていたとき、一人が「先生、カラカラカラッて音がする」と言い出しました。「なんだろうね?」とみんなで耳を澄ますうちに、「すべり台だよ」という声が上がりました。幼稚園の隣にある小学校のすべり台は、ローラー式なので、すべるとそんな音がするのです。「ほんとだ、すべり台だ」「くるくるまわるやつだからだね」などと、口々に言い合いました。『かぜフーホッホ』で耳の感度がよくなった子どもたちは、自分たちを囲む音の世界に、新たな楽しみを見出すことができたようです。

＊

軒からしたたるしずくの音や風の声に耳を傾ける感度のよさでは、『いいことってどんなこと』(神沢利子作、片山健絵)も格別です。これが感情体験のできる絵本としてどんなにすばらしいかということは、脇明子の『物語が生きる力を育てる』(岩波書店)にくわしく述べてありますので、細かいことは省きますが、この絵本の主人公の女の子が、しずくの音を「いぬが　みずを　のんでいるような　おと」と聞き、そこに「どうして　そんなに　うれしいの」と尋ねたくなるような喜びを感じ取ることができたのは、毎日散歩をして自然に触れるような生活があったからこそではないでしょうか。

水音にひそむ喜びに誘われて外に出た女の子は、小鳥の声や川の歌、吹き過ぎる風などが、それぞれの声で歌っている言葉に耳を傾けます。「ぴちゃ　ぴちゃ　ぴてぴて」「ちゅーいん　ちゅーい

ん」「ざっぷ　ざっぷ　じょじょじょー」などという擬音語は、既成のものをお手軽に使ったのではなく、書き手が自然の音をあらためて思い返し、それをなるべく忠実に文字に置き換えようとしたからこそ出てきたものです。子どもには擬音語や擬態語が親しみやすいという理由で、お手軽な擬音語、擬態語をちりばめたような絵本があふれていますが、決まり文句にすぎないそうした言葉の濫用は、子どもが自分の耳で聞き、肌で感じようとする前に「正解」を与えてしまい、感受性の扉をとざしてしまう危険をはらんでいます。その点、「フーホッホ」「ぴてぴて」など、書き手が本当に自分で聞いて生み出した表現は、「ほんとにそんな音がするんだろうか」と耳をそばだててみたい気を起こさせます。

途中については省略しますが、最後に女の子が雪を掘って、その下に咲いている金色の花を見つけ、雪の穴のなかで花とむきあってしゃがみ、足元を流れるすきとおった水の「ろ　ろ　ろろろ」という音と、女の子の胸の「とっく　とっく　とっく」という音と、金色の花が「こまかく　こまかく」ふるえるのとが、「いいこと　みつけた／いいこと　みつけた」と三重奏を奏でる場面は、まさしく感動的としか言いようがありません。ここでは、五感を全開にして味わった自然体験と、今回は触れませんでしたが、もどかしさ、恨めしさ、情けなさなどを乗り越えて、自分の力で喜びにたどりついた深い感情体験とが、みごとにひとつになっています。自分を囲む外の世界と、自分の内側で渦巻く世界とが、こんなふうにぴたりと重なるというのは、長い一生でもそう何度もは体験できない、特別な出来事です。こんなふうにして「自分」を意識していくというのは、とても幸せなことにちがいありません。

じつは私は、この絵本の主人公に名前がなく、紹介するにも「女の子」としか言えないことに、少し残念な思いをいだいていました。絵本は主人公の名前で親しまれることが多く、「ピーターラビット」「ちゅうちゅう」「コッコさん」などと名前で呼べば、「ああ、あれね」と思い出してもらいやすいのに、「わたし」では、せっかくすばらしい絵本なのに、覚えてもらいにくい、と思っていたのです。でも、この女の子の体験が「自分」と出会う特別な体験なんだと気づいたとき、女の子が「わたし」であって、特別な名前を持たないことが、いかに適切であるかがわかりました。「ぼくはだれだれだ」と名前のついた自分を意識することも大切ですが、その名前すらも脱ぎ捨てて「わたし」としか言いようのない存在になり、五感を全開にして世界とひとつになることが、ときには必要だと思うからです。そんなことに気づかせてくれたこの絵本は、やはり最高だと思わずにはいられません。

ファンタジーと科学と

流れる水の音を「いいことがあるからよ／いいことがあるからよ」と聞き取り、風にむかって「えっ、いま　なんて　いったの」と問いかけるのは、現実には心のないものを心があるかのように扱い、その上に立って会話や行動をくり広げていく「ごっこ遊び」です。ただ、子どもの場合、最初は遊びと心得ていても、熱がはいるとそっちの世界のほうがいきいきと枝葉を広げはじめ、本物のファンタジーへと育っていくこともあります。

くすのき幼稚園は、園舎のすぐうしろに森があるので、子どもたちからは森の幼稚園と呼ばれています。みんなで森の散歩をするとき、怖がりの子どもは列のまんなかにはいり、勇ましい気分を奮い立たせている子どもたちが、先頭や後ろに陣取ります。先頭を行く子どもたちは、行く手に広がる森の奥をのぞきこむようにしながら進みます。怖がりの子どもも、まわりのみんなに守られながら、恐る恐る木々のあいだに目を走らせます。

じつはその森には、ゴーリーという怪物がいると信じられていました。大きいけれど、心は優しい怪物だということです。子どもたちは木の実を集めてゴーリーのためにプレゼントを作り、森の入り口に置いておきます。すると不思議なことに、次の朝にはプレゼントはなくなっているのでした。ときにはゴーリーから手紙が届くこともありました。

冬が近づいたある日、ゴーリーから「さよなら」の手紙が来ました。先生がそれを読み上げると、何人かの男の子たちが、大あわてで森の入り口へ駆けていきました。「ゴーリー」「ゴーリー」と声を合わせて呼んでみましたが、返事はありません。（それまでだって、返事があったためしはなかったのです。）やがて子どもたちは「ゴーリー、ありがとう」と叫び、しばらく森の奥を見つめてから、帰っていきました。

❋

こんなファンタジーが心のなかで息づいていれば、ちょっとした散歩も大冒険になったり、不思議の世界への旅になったりします。古典ちゅうの古典である『もりのなか』（エッツ文・絵）は、まさにそんなファンタジーの世界への散歩を描いた絵本です。「かみの　ぼうしを　かぶり、あたらしい　らっぱを　もって」森へ散歩にいった男の子は、ライオンやゾウやクマやカンガルー、コウノトリやサルやウサギに出会いますが、現実にはどうだったのでしょう。何もいないけれど、いるつもりになっていたのでしょうか。それとも、遊び仲間の子どもたちを動物に見立てていたのでしょうか。

もちろんこれはお話ですから、どっちだっていいのですが、最後に出会うウサギと、その少し前

に出会うコウノトリだけは、ひょっとすると本当に見かけたものたちかもしれません。なぜなら、ライオンやゾウやクマたちが、それぞれに主人公と問答をし、冠をかぶったりセーターを着たりジャムの瓶を持ったりしてついてくるのに対し、ウサギとコウノトリはひとこともしゃべらないし、持ち物も持ってはいないからです。「ぼく」はウサギを見かけたとき、「こわがらなくって　いいんだよ」「きたけりゃ、ぼくと　ならんで　くれば　いいよ」と「とおくから」呼びかけています。ウサギがそれに応えてついてきたのは、やはりファンタジーだと思いますが、空想であることが明らかなもの言うライオンやゾウたちの仲間に、本当にいても不思議のない、もの言わぬウサギが加わることで、ファンタジーがぐっと魅力を増していることは見逃せません。

ファンタジーは現実離れしていればいるほど魅力的だと見られがちですが、けっしてそんなものではありません。現実離れしたファンタジーは、「ありえない」ことでありすぎて、「ほんとかもしれない」とは感じにくいものです。その点、現実の世界とあちこちで重なりながら展開していくファンタジーなら、「ひょっとするとほんとかもしれない」と感じさせる入り口に事欠きません。くすのき幼稚園の例のように、子どもたちがいつも散歩する森がファンタジーの舞台なら、そこで現実に見つけたものを臨機応変に組み入れていくことで、ファンタジーはどんどん「ほんとかもしれない」ものへ、「ほんとにちがいない」ものへと育っていきます。

そう考えたとき、『もりのなか』の一見地味な森の描写が、あらためて意味深いものに思えてきます。ファンタジーの世界なんだから、森ももっとファンタスティックなほうが楽しいのに、という考え方もあるでしょうが、そうではなくて、いかにも現実にありそうな森だからこそ、「またこんど、さんぽに　きたとき」動物たちに会えるかもしれないというファンタジーが、しっかり心に刻まれるのです。

「ぼく」がお父さんに肩車されて帰ったあと、最後にもう一ページ、だれもいない森の静かな光景が示されますが、読み手はこの光景を自分の知っている森や林に重ね、それを手がかりに自分のファンタジーを紡ぎはじめることができます。現実との接点を持たず、架空の世界のなかでのめまぐるしい展開を楽しむだけのようなファンタジーは、子どもにとってプラスとはかぎりませんが、現実と重ねてこそ楽しめるファンタジーなら、それをスパイスとして日々のくらしを冒険に変え、生きる力を養う実体験を、さらに多彩で豊かなものにしていくことも可能なのです。

❀

ところで、みなさんは、ファンタジーと科学とは正反対のものと思われてはいませんか。ファンタジーは何が起こっても不思議のない夢の世界、科学は数字に置き換えられる事実だけを対象とし、原因から結果へのつながりがきちんと説明できる世界、というふうに……。

でも、幼い子どもたちの姿を見ていると、ファンタジーと科学とは、いっしょに遊びながら成長していく、仲のいい双子のきょうだいのようなものに思えてきます。たとえば、カエルをつかまえたみのり保育園の子どもたちは、『ゆかいなかえる』の世界にはいりこんでカエルと楽しく遊びたいというファンタジーを追いながらも、図鑑で生態を調べて世話を焼こうとしていました。『かぜフーホッホ』でいろんな音を聞き取る楽しみを知った子どもたちは、「どうしてそんな音がするんだろう」と音の秘密を追求するとともに、それを風の精の笑い声と聞くようなファンタジーにも心をゆだねていたことでしょう。

考えてみれば、いま科学と呼ばれているものは、「どうしてだろう?」と原因を探る分野においても、「こんなことができたらいいのに!」と新しい技術を開発する分野においても、子どもの素朴なファンタジーと分かちがたく結びついています。科学は因果関係でつながった事実だけを相手にしているのかと思うと、そんなことはけっしてなくて、最先端で語られている仮説は、まさにファンタジーそのものです。一方、いまふつうに使われている飛行機やリモコンやインターネットは、昔の物語なら魔法使いだけが持っていた不思議な道具にほかなりません。

だから、子どものファンタジーを他愛もないものとして軽視しないでほしい、と言いたいのはもちろんですが、もうひとつ気になっていることがあります。それは、「科学する心」から離れれば離れるほどファンタジーらしくなる、と言わんばかりに、ふわふわしたとりとめのなさや、つじつまの合わなさを、「ファンタジーらしい」とする風潮が目立つ、ということです。そうではなくて、科学はファンタジーから育つのだということ、ファンタジーも、この世界のさまざまな事実や「科学する心」と親しいつながりを保ってこそ、いきいきとしたものになるのだということを、忘れないようにしたいものです。

そのことを文句なしに実感させてくれる絵本として、『しずくのぼうけん』(テルリコフスカ作、ブテンコ絵)をとりあげてみましょう。『いいことってどんなこと』に出てくる女の子は、雪の積もった屋根から落ちるしずくに、「しずくさん　しずくさん、どうして　そんなに　うれしいの」と呼びかけていましたが、これはそのしずくを主人公にしたお話です。この絵本のしずくは、まずバケツからぴしゃんとこぼれ落ち、汚れたのをきれいにしてもらおうと、洗濯屋へ行ったり病院へ行ったりし、鍋で煮られそうになってあわてて逃げ、水に落ちて「おぼれて　しまうわ！　しんで　しまうわ！」と叫びます。これは愉快なファンタジーで、ユーモアたっぷりですが、笑えるのは水にしずくが落ちたらどうなるかが、ちゃんとわかっているからです。

このあとしずくは、太陽に照らされて見えなくなって空にのぼり、黒雲にしがみつくけれどもふり落とされてしまい、岩の割れ目にはまって動けなくなります。ところが、寒い夜が来て、しずくは氷のかけらになり、岩を砕いて逃げ出すことができました。「わたしは　ダイナマイトかも　しれないわ」としずくは大いばりですが、これは水が凍ると膨張するという事実に基づくファンタジーです。しずくの冒険はさらに続き、水道の蛇口から飛び出したり、洗濯物につかまったり、蒸発して家から逃げかけたところで凍りついて氷柱《つらら》になったりします。それが全部、単純化した愉快な絵と調子のいい言葉とで、わかりやすく綴られるのですが、これはファンタジーの絵本でしょうか、科学の絵本でしょうか。

　科学の知識を子どもに伝えるためにファンタジーを利用したのだ、と見ることもできますが、この絵本が与えてくれるいきいきとした喜びは、「しずくさん　しずくさん」と呼びかける子どもの想像力にも、みごとに応えてくれていると思います。しずくが日なたで消え失せたり、軒先に氷柱ができたりするのを見た子どもたちは、「どうしてこうなったのか？」「このあとどうなるのか？」と興味をそそられるはずで、それに対して性急に正解を与えるようなことをせずに、興味がいっそう深まるようにしむけたら、そこからはいろんな仮説が生まれてくるはずです。その仮説には、大人がファンタジーと呼びたくなるような部分と、科学に発展しそうな部分とが、まだ引き離されることなく渾然一体となっているはずで、その感覚をいきいきと思い出させてくれるのが、『しずくのぼうけん』の大きな魅力だと思います。

がんばって！

散歩は楽しくするものですが、ときには「つらいけど、がんばる」のもいいものです。そのことがよくわかるエピソードをひとつ、ご紹介しましょう。

みのり保育園では、園から片道四十分ほどかかるところで、サツマイモを作っています。夏のあいだ、子どもたちはそこまで歩いては、畑の草取りや水やりをしていました。秋、いよいよイモ掘りの日がやってきました。子どもたちは、いつもより大きめのリュックを背負い、勇んで出かけました。帰りにはめいめいがおイモを六つ持ち帰ることになっていましたが、その大きさは自分で決めるという約束でした。重いのはたいへんだと思えば、小さいのを選べばいいわけです。

イモ掘りが終わり、みんなが帰り支度をはじめたとき、A先生は、四歳のユウキくんが特別大きなおイモばかりをリュックに詰めていることに気づきました。ユウキくんはこだわりの強い子で、活動の見通しが立てづらく、ふだんはみんなの仲間にはいらずに、一人で図鑑を見ているような子どもでした。でもA先生は、そんなユウキくんのなかに「変身したい！」という願いがあることに気づき、いろんな機会をとらえては、さりげなく後押しをしていました。

それにしても、運動もそんなに得意ではなく、力が強いわけでもないユウキくんに、リュックいっぱいのおイモはとても無理ではないかと思われました。大きすぎるのを選んで、自分で持てなくなったら、先生たちが持ってあげるけれど、それは返さないで、みんなで食べるぶんにするのが決まりです。A先生はユウキくんに、「そんなにたくさんは無理だと思うよ。少し小さいのにしたら?」と声をかけましたが、ユウキくんはどうしても持って帰ると言ってききません。そのまま歩きだしたら、案の定、つらくて歩けなくなってきました。

リュックの重さに耐えられなくなった子はほかにもいて、何人かは先生たちにおイモを持ってもらいました。ところがユウキくんは、涙をこぼしながらも断固として荷物を減らそうとはせず、ついに園まで歩き通したのです。園に着いて、一人一人が背負ってきたおイモの重さを量ったところ、なんとユウキ君は、五歳児も含めた全部の子どもたちのなかで、いちばんたくさんのおイモを持ち帰っていたことがわかり、イモチャンピオンに選ばれました。それ以来、ユウキくんの様子が少し変わってきたことに、A先生は気づいています。それまではもっぱら一人でいたのに、自分からガキ大将的な子どもたちに声をかけたりもできるようになってきたのです。

「がんばりなさい」「がんばってね」というのは大人の決まり文句で、子どもたちはきっとこの言葉にうんざりしていることでしょう。特に、どうしてもやりたくないこと、いやなことについて、「がんばってやってみなさい」と無理強いされるのは、とてもつらいはずです。でも、自分でもなんとかしたい、がんばりたいと思っているときに、ちょっと背中を押してもらえるのは、とてもいい励みになるのではないでしょうか。涙をこぼしながら重いリュックを背負っているユウキ君を見かけた人は、「子どもにこんな無理をさせるなんて、ひどい保育園だ」と思ったかもしれませんが、ユウキくんにとっては、ここでがんばり通せたこと、それに思いがけないイモチャンピオンというおまけがついてきたことが、「変身だって夢じゃない」と自信を持つための大きな一歩になったはずです。

❀

『ウルスリのすず』(ヘンツ文、カリジェ絵)は、ユウキくんと同様にがんばって歩き通し、大きな自信を得た男の子のお話です。ウルスリはスイスの山のなかの小さな村に住む男の子で、両親は羊や山羊や牛を飼ってくらしており、ウルスリも山羊の乳しぼりを手伝います。明日はおまつりで、男の子たちはみんな、牛の首につける鈴を鳴らして練り歩き、村じゅうから冬を追い出し、春を迎えます。

　ところが、まだ小さいウルスリは、みんなといっしょに鈴を借りにいったのに、子牛の首につける小さい鈴しか借りられませんでした。みんなに「ちびっこ鈴のウルスリやい」とからかわれ、ウルスリは悔しくてたまりません。なんとかしたいと考えているうちに、いいことを思いつきました。山小屋へ

行けば、そこの釘には大きい鈴がかかっているはずだと思い出したのです。

スイスやオーストリア、ノルウェー、スウェーデンなどでは、牛や山羊などを飼うのに、冬はふもとの村の家畜小屋で寒さから守り、夏になるといい草の生える山の上に連れていって放牧します。そんなくらしを背景にした昔話が、絵本で親しまれている『三びきのやぎのがらがらどん』(ブラウン絵)であり、人間も村を離れて山小屋でくらす様子を描いているのが、ノルウェーのハムズンによる物語『小さい牛追い』です。それはともあれ、冬のあいだは閉め切られ、まだ雪に埋もれたままの山小屋まで行くのは、とんでもない大冒険です。それでもウルスリは張り切って出かけ、「ふかい森も、せまい橋も」平気で越えていきます。

しかし、元気に進めたのも最初のうちだけ。「雪のなかに、くつがもぐり、ひざがうまり、足のねもとまで、すっぽりうまって」、ウルスリは泣きたくなりました。行けば必ず鈴があるという確信もゆらいできます。「こんなにくろうしても、むだなこと」かもしれません。それでもウルスリは、ひと足、ひと足進んでいき、ついに山小屋にたどり着いて、戸はどうしても開きませんでしたが、窓からはいりこむことができました。そこには思ったとおり、大きな鈴がありました。その大きいことといったら、ウルスリの身体の半分くらいはありそうです。ほっとしたウルスリは、小屋に残されていたパンを食べ、鈴を枕に眠りこんでしまいました。

そのあいだ、村ではウルスリがいないので大騒ぎです。いくら探しても見つからないので、お父さんとお母さんは火のそばに向きあってすわり、眠れない夜をすごします。ウルスリはそんなこととは知らずにぐっすり眠っていますが、読者は両親の心配ぶりに心を傷めます。でも、それと同時に、こんなふうに心配してもらえることに、うれしさも感じるのではないでしょうか。そのあとウルスリが元気よく帰ってきた場面では、「おかあさんは、さっとドアをあけ、かわいいむすこを見ると、だきしめました」とあるだけで、叱りつけたり、どんなに心配したかと責めたりする言葉は、一切出てきません。でも、ウルスリのいない夜に、お母さんがエプロンの端で涙を押さえ、お父さんが不安を紛らわすために木を刻んでいる姿は、ふだん子どもが目にすることのできないもので、なんとも言えない温かさと真実味を感じさせるこの光景があれば、余分な言葉はいらないことがわかります。

鈴行列では、ウルスリはもちろんいちばん大きな鈴を持ち、イモチャンピオンならぬ鈴チャンピオンになって、先頭を歩くことができました。これは絵本としてはかなり文章が多く、長いお話ですが、この長さにがんばってついていくことで、聞き手もまた「がんばってこそ得られる達成感」を味わうことができるのも、とてもうれしいところです。風俗のちがいなどで尻込みしないで、ぜひ子どもたちに手渡していただきたい一冊です。

だいじょうぶかな

散歩をするときには、交通安全にも気をつけなくてはなりません。信号が青なら道を渡ってもいいけれど、赤なら渡らない、というだけのことなら、大人がいっしょに歩きながら、そのたびにくり返して教えれば、覚えるのはそうむずかしくはないでしょうが、幼い子どもは、何かに夢中になると、覚えたこともすっかり忘れてしまいます。それに、自分がきちんと信号を守っていても、赤信号になってから突っこんでくる自動車や、歩道を走ってくる自転車などもありますから、いつもまわり全体に気を配っていなくてはなりません。でも、「まわり全体に気を配る」というのは、子どもにはとてもむずかしいことです。それができるようになるには、どうしたらいいのでしょうか。

みんな散歩が大好きなみのり保育園では、小さい組さんは短い散歩、大きい組さんは長い散歩にいくのがふつうですが、ときどき三歳児と五歳児がいっしょに散歩をすることがあります。もちろんそんなときは、小さい組さんに合わせて短い散歩になりますが、ある日帰ってきた子どもたちの様子を見て、D先生はおもしろいことに気がつきました。三歳児はいつもどおり元気に走りまわっているのに、いつもより短い散歩だった五歳児が、床に足を投げ出し、両手をつっかい棒にして身体を支え、ぐったりした様子なのです。「どうしたん?」と声をかけると、子どもたちはふーっとため息をついて、「あぁ、つかれたぁー」と口をそろえました。

いつもより短い散歩なのに、なぜ疲れたかおわかりでしょうか。そう、大きい組さんたちは、小さい組さんの安全にたえず気を遣いながら歩いていたので、心底疲れてしまったのです。もちろん先生たちもちゃんと付き添い、気をつけていましたから、五歳児たちがそこまでしなくても大丈夫なのですが、自分たちはお兄ちゃん、お姉ちゃんだという自覚を持った子どもたちは、幼い子どもたちに気を配り、へとへとになること自体が誇らしいのです。この子たちを守らなくては、と思うと、いつもはそんなに注意しない「まわり全体」が気になり、模範的な用心深さで安全確認をしたことでしょう。この経験は、五歳児たちが交通ルールを身につけていく上で、とても大きな意味を持ったはずです。

❀

幼い子どもたちが交通ルールに親しむのに役立つ絵本というと、『ちいさなねこ』(石井桃子作、横内襄絵)や『たろうのおでかけ』(村山桂子作、堀内誠一絵)が思い出されますが、このどちらもが、子どもの視点と大人の視点の両方を含んでいるというのは、とても興味深いことです。

『ちいさなねこ』は、家のなかにいたこねこが、庭に下りて、門の外へ出ていくところからはじまります。文章はこねこの気持ちに寄り添うのではなく、第三者の視点に立って書かれていますが、

「おかあさんねこが　みていないまに、ひとりで　でかけて　だいじょうぶかな」という一節で、読んでもらっている子どもたちは、自然に「心配しながら見守る保護者」のような目でこねこを見守ることになります。じっさい、この絵本が大好きな五歳のミツルくんは、ここにさしかかるたびに、「でもね、だいじょうぶなんよね」と早口で呪文のように唱えます。結果はよくわかっている冒険ですが、それでも「だいじょうぶ」という呪文を唱えないと安心できないくらい、毎回どきどきさせられるのです。

こねこはまず、子どもにつかまりますが、手をひっかいて逃げます。次は自動車のほうへ飛び出し、「あぶない！」となりますが、自動車は急ブレーキをかけ、こねこは無事に顔を出します。ここにも、「ひかれないで　よかった！」という、保護者的な視点からの言葉があります。今度は犬に通せん坊をされ、怒ったこねこは、「おおきな　いぬの　はなを　ひっかいて」逃げます。リアルに描かれたこねこが、しっかり足をふんばって、頭だけでも自分の身体全体くらいある犬に立ち向かう姿に、子どもの心は熱くなり、いつしか保護者的な視点を離れて、こねこと一体化します。そのあと、犬に追いかけられたこねこが木を見つけ、「あ、きが　あった。きが　あれば、もうだいじょうぶ。ねこは　きに　のぼれるけれど、いぬは　のぼれない」となるところは、子どもたちの大好きな箇所ですが、ここで「だいじょうぶ」と言っているのは、見守る保護者でもあり、こねこ自身でもあるように感じられます。

木に登って逃げたものの、下で犬ががんばっているので下りられないこねこの鳴き声を、お母さんねこが聞きつけます。遊んでいる子どものそばを通り抜け、ちゃんと安全確認をしながら自動車の通る道を渡る姿は、余裕たっぷりで堂々としており、ほれぼれせずにはいられません。これこそお手本というものです。お母さんねこは犬を追い払って木に登り、こねこをくわえて下りてきます。そのあと、「じどうしゃをよけ　こどもの　そばを　とおりぬけ」と、順序がちゃんと守られていることにも注目してください。こねこのたどった道が、お母さんねこによってきちんとくり返され、二ひきいっしょの帰り道ではちゃんと逆向きになっていることで、地理がつかみやすくなっているのです。

これはとても素朴に見える絵本ですが、じつは配慮が行き届いたものだということが、おわかりになると思います。これを読んでもらう子どもは、最初、五歳の大きい組さんが三歳のちびちゃんたちを見るような目で、こねこのふるまいを見守ります。でも、気がつけば自分もまだ小さくて、じつは木の上で立ち往生するレベルでしかありません。それに比べて、大人のふるまいのなんとかっこよく、頼もしいこと！　あんなふうになりたいなあというあこがれが、子どもの心を満たします。自動車や家や子どもの服装が古めかしいと敬遠するむきもあるようですが、これに匹敵する絵本はそうかんたんには見つかりません。

『たろうのおでかけ』は、たろうがなかよしのまみちゃんの誕生日のお祝いに、お母さんの手作りアイスクリームとすみれの花を持って出かける、というお話です。イヌとネコとアヒルとニワトリがついていき、そのあとの問答を楽しく彩りますが、それについては省略して、たろうだけを見ていきましょう。

＊

たろうがうれしくて跳ねながら出発すると、お母さんに「そんなに　ふざけちゃ、だめ　だめだめ」と言われてしまいます。たろうは「だって、ぼくたち　うれしいんだもの」と反論しますが、「けがを　するから」と言われ、つまらないけど、「けがを　するのは　いやなので」ふざけないで行くことにします。でも、つい走りだしては「おーとさんりんの　おじさん」に注意され、信号を黄色で渡ろうとしては、おまわりさんに注意され、最後は横断歩道のないところで渡ろうとして、郵便屋さんに注意されます。みんな、お母さんと同様に「だめ　だめ　だめ」と言いますが、温かい心遣いをしてくれているんだということが絵からもわかりますから、叱られているという感じはしません。

気持ちがいいのは、そんな注意を受けるたびに、たろうや動物たちがただおとなしく聞くのではなく、「だって、ぼくたち　とても　いそぐの。うれしい　ことが　あるんだもの」「おまけに、あ

いすくりーむが　とけるから」と、ちゃんと自己主張をするからでもあります。「それでも　やっぱり、だめ　だめ　だめ」と言われてしまうのですが、たろうたちのあふれるほどの喜びを大人たちがちゃんと受け止め、理解した上で「やっぱり、だめ」と言っていることがわかるので、頭ごなしにルールを押しつけられたような感じはしません。むしろ、町じゅうに温かく見守ってくれる人々がいることの喜びが、心地よく感じられます。

この絵本にも子どもの視点と大人の視点が含まれているということは、あらためて指摘するまでもないと思いますが、こうした複数の視点へと子どもたちをさりげなく導くのに、絵本という形式はとても都合よくできています。『ウルスリのすず』で両親が心配している場面は、言葉だけだとずっと重たいものになってしまい、ウルスリの快挙に水をさす結果になったでしょうが、絵だけにしっかり語らせて言葉は控えているので、子どもは押しつけがましさを感じることなく、自分でその情報を読み取ることができます。『ちいさなねこ』のお母さんねこのふるまいも、言葉でくわしく説明したりはせずに、絵から読み取らせるように描かれています。『たろうのおでかけ』では注意がストレートになされていますが、絵のなかでたろうを見守る大人たちの視線の温かさは、「大人からはこう見えてるんだな」と子どもに納得させる力を持っています。押しつけがましいしつけ絵本もよく見かけますが、絵本ならではの力をちゃんと生かせば、伝えたいことがずっと気持ちよく伝わるのにな、と思わないではいられません。

こっちからもかえれるよ

散歩の楽しみのひとつは、「通ったことのない道」にはいりこんでみること。くねくね曲がったり、坂になったりして、「どこへ行くんだろう?」と心配になりかけたとき、よく知っている場所に出て、「そうかぁ、ここにつながってたんだぁ」とわかったときのうれしさといったらありません。そんな楽しみをくり返すうちに、子どもの頭のなかには少しずつ地図が作られ、ぽつんぽつんと孤立していたいろんな場所が、ひとつながりの世界になっていきます。

そんなふうに世界が見えてくる喜びを、その原点に立ちもどって味わいなおすことができるのが、『ぶたぶたくんのおかいもの』(土方久功作・絵)です。ストーリーは、こぶたのぶたぶたくんがはじめてひとりでおつかいに行き、パン屋さんと八百屋さんとお菓子屋さんで買い物をして帰る、というだけの単純なものですが、絵にも文章にもうまいのか下手なのかわからない素《す》っ頓狂《とんきょう》なおかしさがあり、不思議な力で子どもたちをとらえつづけてきました。

まずパン屋までは一本道で、その一本道をさらに進むと八百屋があります。八百屋ではからすのかあこちゃんと出会い、次のお菓子屋へとさらにどんどん進みます。お菓子屋ではこぐまくんとも出会い、ぶたぶたくんは「とおく　きすぎてしまったから、いそいで　かえらなくちゃ」と言いますが、かあこちゃんとこぐまくんに「ここまできたら、あとへ　もどるよりも、このまま　さきへいくほうが　ずっと　ちかみちだよ」と言われてしまいます。三人は楽しくおしゃべりをしながら歩き、やがて道が三つに分かれているところで、かあこちゃんは左へ曲がり、こぐまくんはそのまままっすぐ進みます。ぶたぶたくんは右へ行けばいいと聞き、「ほんとうに　このみちを　いくと、ぼくの　うちに　いくのかしら」と心配しながら進みますが、ちゃんと反対側から家に帰り着くことができました。

　いったいどうなってたのかな、とちょっと混乱しかかったところで、最後に地図が出てくるのが、この絵本の楽しいしかけです。見ると、ぶたぶたくんの家とパン屋と八百屋とお菓子屋は、ぐるっと輪になった道に沿って点在しており、お菓子屋と家とのあいだにその輪から外へ出ていく二本の道があって、かあこちゃんとこぐまくんの家はその先にあったのだとわかります。道にはぶたぶたくんが通ったコースを示す矢印が描かれており、八百屋からは矢印が二つに、お菓子屋からは三つに増え、それが分かれ道で三方に散る様子もちゃんとわかり、子どもたちは大喜びでそれをた

どってみます。

地図にはそのほかにも、魚のいる池とか、公園とか、富士山のような山などが描きこまれていて、前の場面ではどうだったかしらと確かめてみたくなります。すると、パン屋のうしろに富士山のような山がそびえ、地図にもあったヘリコプターが飛んでいるのがわかります。もっとも、そういう工夫はそれほど行き届いてはいないのですが、このすっとぼけた絵本では、まあそれでもいいかと思えてきます。すっとぼけているといえば、三人が歩きながら唱える歌のようなものが、なんとものどかでうれしくなります。「いけに　さかなが　およいでたっけ／はやしには　ことりたちがないてたっけ　とんでたっけ／むこうのほうに　おやまが　みえたっけ……」とまだ続くのですが、これは道しるべを思い出しながら歩く歌のようでもありますね。といっても、主人公のぶたぶたくんは、道しるべを頼りに歩いているわけではないのですが、この歌が気に入ってまねてみる子どもたちには、ひょっとすると道しるべの歌として役に立つかもしれません。

＊

『ねこのオーランドー』（ヘイル作・画）にも、ちょっとちがった地図の楽しみがあります。これは、お父さんねこのオーランドーが、ご主人と交渉して休暇をもらい、奥さんと子ども三びきを連れて、キャンプに行くというお話です。キャンプ地に着いたところで、見開きいっぱいの地図が出てきますが、そのまんなかには川が流れ、橋がかかり、教会や農家、犬小屋などは四角で示され、畑、池、クレソン畑、荷馬車、トラクター、干し草の山、キノコのはえているところ、川の魚までが、記号的に描きこまれています。オーランドーたちのテントも四角く描かれ、そのそばには丸で示された鍋やお皿までが並んでいます。

次のページを開くと、奥さんねこのグレイスは、「朝ごはんに　お魚！　お昼に　キノコ！」とのどを鳴らしていますし、こねこの一ぴきは川のクレソン畑になっているところに落ち、クレソンの巻きついた身体から水を滴らせながら歩いています。さらにもう一ページめくると、地図に描かれていた場所全体が、今度はじっさいの風景として目の前にひろがります。平面図にすぎなかった建物は立体的になり、荷馬車やトラクターもちゃんと地図で示されていた場所にあります。おかしいのは、重そうな袋を背負った女の人が橋の上にいることで、じつは地図にはその位置に足跡が描かれており、ああ、あの足跡はこの人だったんだとわかります。

地図と風景とを照らし合わせる楽しみは、『サラダとまほうのおみせ』(ストーン作)にもあります。これは、虫たちの世界を描いた「やなぎむらのおはなし」シリーズの一冊目で、ばったのトビハネさん、かたつむりのキララさん、くものセカセカさん、ありのパパ、ママ、ぼうやのせっせかぞくの住むやなぎむ

らに、いもむしのモナックさんが「サラダとまほうのおみせ」を開店するところからはじまります。みんなはそこのサラダがお気に入りでしたが、ある日お店は閉店してしまい、病気かなと心配していると、やがて、「まほうの　はじまり　はじまり……」と声がして、きれいなちょうちょに変身したモナックさんが出てきます。

モナックさんは、こんどはお花畑でジュースやさんを開くと言って飛び去りますが、やがて、「たちあおいむら」で結婚式のパーティーを開くから来てほしいという招待状を、とんぼのピューさんが届けてくれます。招待状には地図もついていて、虫たちといっしょに見ることができます。地図にはあちこちで枝分かれした道が描かれ、「クローバーのはら」「こでまりトンネル」「たんぽぽのはら」などという地名がはいったところには、それらしいイラストも描かれていますが、「やなぎむら」から「たちあおいむら」へのルートを調べてみると、「クローバーのはら」「こでまりトンネル」「きのねトンネル」「はし」の順でたどっていけばいいことがわかります。「たんぽぽのはら」や「にょきにょきばやし」は、地図にはあっても道順からははずれています。

一行は出発し、地図にかんたんなイラストで描かれていた風景のなかを次々に通っていきます。みずみずしい色彩でていねいに描かれた「クローバーのはら」や「こでまりトンネル」は、かんたんなイラストとは比べものにならない美しさです。ところが川に着くと、地図にはあった橋が壊れていて、跳んで渡ることも細い枯れ草の上を伝うこともできないかたつむりのキララさんは、困っ

てしまいます。でも、みんなが知恵を出しあって橋を作り、めでたく「たちあおいむら」に到着して、モナックさんの結婚を祝うことができました。

楽しいパーティーが夕方まで続き、一行は帰途につきますが、そこでまたハプニングがあります。来るときに作った橋を渡るときに、大切な地図を落としてしまったのです。みんなは途方に暮れますが、今度は、さっきみんなに助けられたキララさんが、助ける側にまわります。かたつむりが通ったあとには、キラキラした跡が残っているので、月が昇ったら、通ってきた道が青白く光って見えるはずだというのです。一行は見晴らしのいい丘に登り、柔らかい月明かりのなかに、青白く光る道が遠い「やなぎむら」まで続いているのを見ます。来るときの絵にあったのは一カ所一カ所の景色でしたが、今度は、『ねこのオーランドー』の場合とおなじように、地図にあった場所がまるごと生きた景色になっています。しかも、出発前に見ていた地図とは逆方向から見ているので、位置関係を照らし合わせて確認するには、ちょっと頭を使います。ルートにははいっていなかった「にょきにょきばやし」も見えていますし、地図にはすみっこが描かれていただけだった池や、広い広い野原の果てのゆるやかな山並みも見えます。わくわくしたりドキドキしたり楽しんだり心配したり、身体も心も忙しかった一日を終え、ほっとして家路につく虫たちの気持ちが伝わってくるようです。

＊

ある日、みのり保育園に、うれしいニュースが届きました。保育園に来ている四歳児のミサトちゃんのおじいちゃんの家で、白くてかわいい山羊の赤ちゃんが生まれたのです。ミサトちゃんは見たというので、みんな話を聞いて興味津々です。先生たちは、みんなにも赤ちゃん山羊を見せたいと思いましたが、あいにく、ミサトちゃんのおじいちゃんの家は、いつもの散歩コースよりもかなり先にあり、四歳児の足では無理そうです。そこで先生たちは、大人だけで行ってみることにし、大人でもこんなに時間がかかるんだから、やっぱり無理だろうねと言いながら、写真を撮って帰りました。

次の日、保育室に写真を貼って、赤ちゃん山羊がどんなだったかを子どもたちに話しました。とても遠くて、行くのは無理だと言ったのですが、言えば言うほど、子どもたちの目は熱心そうに輝きを増す一方です。そこで、どれくらい遠いかをわかってもらうために、地図を描くことにしました。いつもの散歩コースには、みんなが名前をつけた場所がいくつもあります。まずワンワン公園まで行って右に曲がり、オオカミトンネルを通ってどんぐり公園を抜け、シンジくんの家の前を通って……。

知っている場所の名前が地図に書きこまれていくと、とちゅうまでは散歩で歩き慣れた道だとわかってきました。シンジくんの家へは行ったことがないけれど、そんなところにあるのなら、見てみたくなります。保育園からの散歩では行ったことがなくても、「そこ、知っとる」と言う子もいます。次第に子どもたちの頭のなかで、赤ちゃん山羊のいる場所までの道のりが整理され、「それなら行ける」という気持ちが固まってきました。その様子を見て、先生たちも思い切って子どもたちを連れて行くことにしました。うれしいことに、さんざん地図を見ていたおかげで、子どもたちは見通しを持って歩き通すことができました。もちろんとてもくたびれましたが、赤ちゃん山羊に会えた喜びと、長い道のりを歩き通した達成感が、子どもたちを満足でいっぱいにしました。

それからというもの、みのり保育園では、畳一枚くらいある大きな紙を、三歳児から五歳児までみんなで見られる場所に貼り、散歩で行った場所をどんどん描き入れていくことにしました。地図の端っこは、赤ちゃん山羊のいたところです。子どもたちはそれを見ては、散歩での出来事を振り返って話題にしたり、お迎えにきた両親に「ここへ行ったんだよ」と教えたりしています。新たに名前のついた場所も増え、「このにんぎょのいけ、行ったことないね。こんど行こうよ」などという提案も出てきます。

赤ちゃん山羊を見にいって以来、みのり保育園の子どもたちの散歩は大きく変わりました。大人に連れていかれたり、連れていってもらったりするのではなく、自分たちが行こうと思って行く散歩になったのです。地図にはまだまだ空白部分がたくさんあります。そこに子どもたちのどんな体験が描きこまれていくか、とても楽しみです。

第2章　おなかのすくくらし

片平朋世
脇　明子

たくさん食べたら大きくなるよ

さとやま保育園では、学年ごとに帽子の色が、赤、白、黄、オレンジ、緑、青と変わります。四月になって、いつもあこがれの目で見ていた大きい組さんの帽子をかぶるのはうれしいもの。三月まではオレンジ色の帽子だった三歳児クラスの子どもたちは、四歳児クラスの緑色の帽子で得意気に歩きまわっています。ところが、担任だったE先生は、四月から二歳児クラスの担任になり、黄色い帽子をかぶることになりました。それに気づいた子どもたちは、緑色の帽子で入れかわり立ちかわりE先生のそばをうろうろ。なかには「おれたちは緑になったんでー！　先生は黄色かぁ！」と言う子もいました。自分たちは大きくなったのに、先生は小さくなったということが、大きくなった喜びをさらに強く実感させていたのでしょう。

朝の体操にはあまり参加しなかった子が、年長クラスになって急に張り切って出てくるようになったので、お家の方にたずねてみたら、じつは、年長クラスになったとたんに、毎晩ふとんの上で練習をはじめた、という話もありました。子どもはみんな、心の底から、「大きくなりたい」と願っています。そんな子どもたちに、「どうやったら大きくなるんかな?」とたずねてみると、「たくさん食べたら大きくなる」という答えが返ってきます。給食の時間に、「たくさん食べて先生より大きくなるんだ」と張り切る姿もよく見かけます。

子どもたちは本当に食べることが大好きですが、その一方で、食の細い子どもや偏食の子どもも少なくありません。牛乳が苦手で飲めない、など、特定のものが苦手な子どもは、以前から珍しくありませんでしたが、最近は逆に、特定のもの以外は食べられないという子どもも目立つようになってきました。どうすれば、そんな子どもたちにも、「食べる喜び」を満喫させることができるのでしょうか。まずは、思わず食欲の湧いてくる絵本を見ていきましょう。

うわっ、たべちゃった

『かばくん』(岸田衿子作、中谷千代子絵)は、「どうぶつえんに　あさが　きた／いちばん　はやおきは　だーれ／いちばん　ねぼすけは　だーれ」とはじまる詩のような文で、動物園の一日を描いた絵本です。ひもでつないだ小さな亀をつれた男の子が、キャベツやトウモロコシのはいったかご

をかかえて、かばのところにやってきます。

かばは最初、眠そうな顔で登場します。中谷千代子による絵は、かわいらしいキャラクターのようなものとは全然ちがい、かといって写真のようにリアルなわけでもなく、姿を的確にとらえたシンプルな輪郭線と、キャンバスの布目を活かした彩色とで、かばくんのずしりとした重さや、のんびりとユーモラスな雰囲気を、みごとに伝えてくれています。

起きたばかりのかばくんは、まだ食欲が湧かないのか、亀の子とあいさつを交わしたり、動物園にやってきた子どもたちを見物したりします。かばくんのそばには、まだ小さい子どものかばもいます。男の子はかばくんに野菜のかごを差し出し、「たべてくれ　かばくん」と呼びかけます。するとかばくんは、大きなキャベツをまるごとあんぐり。キャベツを口に入れた大きな頭だけをアップにしたその場面では、それまで青や白だった背景が鮮やかな赤になり、ゆったりした詩のような文のかわりに、ただひとこと「うわっ　たべちゃった」とだけ書かれています。これはまさに、読んでもらっていてこの場面にさしかかったとき、子どもたちが発する言葉そのままです。お兄ちゃんの横でこの絵本に親しんだ一歳半のある坊やは、この場面を見るたびにキャハキャハと笑い、やがて読んでくれとばかりに自分でこの絵本を持ってくるようになったそうです。

さて、次のページをめくると、背景はピンクになり、かばくんたちは満足そうにうつらうつらしています。おなかがいっぱいになったら、お昼寝の時間なのです。やがて、夕暮れの温かい光のなかで、男の子と亀はまだ眠そうなかばくんたちに別れを告げ、動物園に静かな夜が訪れます。

二歳児クラスで、「かばくんみたいに大きな口で食べているね」と声をかけたら、ますます張り切って、大きな口で食べるところを見せてくれました。友だちのそんな姿を見て、「わたしも」「ぼくも」と、みんな競い合って大口をあけ、豪快な食べっぷりをアピール。「食べなさい」とガミガミ言ったり、「残すとオオカミが来るよ」と脅したりするより、ずっと効果が上がることうけあいです。子どもたちがどんなにがんばって大きくなっても、それよりもさらに大きいかばくん。そのかばくんが、大きな口で豪快に食べる姿には、食欲旺盛な子どもも、逆に、食べられない悩みをかかえた子どもも、「いいなあ」という憧れと尊敬を感じずにはいられないのかもしれません。

❀

豪快な食べっぷりといえば、『おちゃのじかんにきたとら』(カー作)も格別です。ソフィーとおかあさんが、テーブルにお菓子を並べてお茶を飲もうとしていたら、なんとそこへ「とても　おなかが　すいている」とらが、「ごいっしょさせて　いただけませんか?」とたずねてきました。おかあさんはちっとも動じないで、とらを招き入れてもてなしますが、とらはテーブルの上のものを全部たいらげ、作りかけの晩ごはんも、冷蔵庫のなかのものも、戸棚にしまってあった包みや缶詰も、全部食べてしまいます。飲みものも全部飲みほし、なんと最後には、「すいどうのじゃぐちから　みずを　ぜんぶ」飲んでしまいました。

　聞いている子どもたちは、これでもか、これでもかと予想を超えていく食べっぷりに魅せられ、ぐんぐん引きこまれていきます。それと同時に、「もし食べるものがなくなったら、どうなるのだろう?」という不安も頭をもたげてきます。

　でも、大丈夫。とらは、「すてきな　おちゃのじかんを　ありがとう。ぼくは、そろそろ　おいとまします」と礼儀正しくあいさつして、去っていきます。そこへおとうさんが帰ってきますが、このおとうさんもあっぱれで、晩ごはんがなくなったと聞いても全然動じず、じゃあレストランへ行こうと提案してくれます。家族そろって夜の街へお出かけというのは、子どもにとっては物珍しくて、わくわくすること。とらのおかげで、かえってうれしいことになったわけで、聞いている子どもたちもほっとします。

　翌朝、ソフィーとおかあさんは買い出しに出かけ、ソフィーはなんとキャットフードならぬタイガーフードの巨大な缶詰も買ってきます。でも、とらはそれっきり来なかった、ということで、おしまいとなります。

この絵本の何よりの力は、豪快すぎて心配になるほどの食べっぷりを、おかあさんもおとうさんもあたりまえのように受け入れ、びくともしていないところにあるのではないでしょうか。そんな安心感に支えられていれば、「とらに食べられるかも」というスリルをちょっとだけ味わってみるのも、悪くないのだと思います。結局は大丈夫だったとなれば、とらの豪快さは子どものあこがれをかきたてます。テーブルに出ているものも、冷蔵庫のなかのものも、一人でぺろりと平らげてしまえば、ぼくも私もとらみたいに大きくなれるかもしれません。

＊

「食べられるかも」と思わせるお話なんて、子どもがとても怖がるんじゃないかと、心配なさる方もあるでしょう。でも、昔話には、「三びきのこぶた」「三びきのやぎのがらがらどん」「おおかみと七ひきのこやぎ」「うまかたやまんば」など、「食べられる」ことをテーマにしたお話がたくさんあり、昔から子どもたちはそれらを受け入れ、楽しんできました。それはたぶん、「食べる」ということ、「食べたい」という欲望が、子どもたちにはとりわけ親しく、わかりやすいテーマだからではないでしょうか。

そのことがとてもよくわかる、愉快なエピソードをひとつご紹介しましょう。二歳半のリョウくんが、ロシアの昔話を絵本にした『おだんごぱん』（瀬田貞二訳、脇田和絵）を読み聞かせてもらったときのことです。これは、おばあさんが粉箱に残っていた粉にクリームをまぜて作ったおだんごぱんが、冷やそうとして置いてあった窓のところから転げ落ち、ころころ転がっておじいさんとおばあさんから逃げ、ウサギに出会って逃げ、オオカミに出会って逃げ、クマに出会っても逃げるけれど、最後にキツネに出会ってまんまと食べられてしまう、というお話です。

おだんごぱんは、「ぼくは、てんかの　おだんごぱん……」という歌を得意気に歌い、その歌は、逃げた経験を重ねるごとに、その経験を織りこんで長くなっていきます。キツネはそんなおだんごぱんをほめ言葉でおだてあげ、歌をもっとよく聞きたいから舌の上で歌ってくれと頼んで、「ぱくっ」と食べてしまうのです。

このお話の主人公がおだんごぱんだとすると、これは、主人公が食べられて終わる、ショッキングなお話だということになります。ほらね、おだてられて調子に乗ったら、身を滅ぼすんですよ、というのが、このお話の本来の趣旨と考えるのがふつうでしょう。しかしリョウくんは、お話が「ぱくっ」のところで終わったとき、切実な思いのこもった声で、「リョウくんも食べたかったぁ」と言ったのでした。

おだんごぱんが食べようとする者たちの手をすり抜けて、ころころと転がりつづけているあいだ、リョウくんがおだんごぱんの逃避行を応援していなかったとは思えません。でも、キツネが「ぱくっ」と口を閉じた瞬間、リョウくんは「食べられる側」から「食べる側」へ、ひらりと身を移してしまったのです。それはたぶん、おだんごぱんがとてもおいしそうで、それを「食べる」ということなら、ありありと想像できたからではないでしょうか。それに対して、「食べられる」というのは想像できることではなく、せいぜい「オオカミだぞぉーっ」とふざけて追いかける大人に、すっぽりと抱きすくめられる程度の感覚でしかないのではないかと思うのです。

大人にとって、自分が「食べる側」にいるのか、「食べられる側」にいるのかは、重大この上ない問題ですが、子どもには案外そうでもないのかもしれません。それよりも、お話のなかにみなぎっている「食べたい」という欲求そのもの、旺盛な食欲そのもの、「おいしかった」という満足感そのもののほうが、子どもにははるかにびんびん響いてくるのではないでしょうか。大人が心配するよりもずっとたくましい子どもたちは、オオカミからも、トラからも、トロルからも、「さあ、食べてやるぞ」というエネルギーを分けてもらっているのでしょう。

うっかりおいしい

さっきも少し触れましたが、最近の子どもたちの偏食は、以前のニンジンが嫌い、きのこ類は食べられない、などというのとは、少し様子がちがってきています。たとえば、白いものしか食べられないという子どもがいますが、どうやらそれはけっして珍しくない現象のようです。

保育園の三歳児クラスに入園してきたダイちゃんもそうでした。食べられるのは、パン、ジャガイモ、豆腐など白いものだけ。給食のなかから、なんとか食べられるものを探して口にする毎日でした。そんなある日、おちゃわんに白いご飯がよそってあるのを見たダイちゃんが、「やったぁ」と喜んだのもつかの間、その上にかけられたのは丼の具。ダイちゃんは「いやだぁ」と思いっきり泣き叫び、逃げ出してしまいました。

そんなダイちゃんでしたが、少しずつ園に慣れ、友だちや保育者との信頼関係ができてくるにつれて、食べられるものが一つずつ増え、夏にははじめて残さずに食べきることができました。一年たつと、おかわりをする姿も見られるようになり、卒園時には、極端な偏食だったころのエピソードが、笑い話になるほどになっていました。

食わず嫌いだったダイちゃんですが、保育園では家とちがって、給食で出たものを食べるしかありません。たとえ食べたことのないものでも、散歩や鬼ごっこ、友だちとのけんかなどでおなかがすけば、うっかり食べてしまうこともあります。そんなとき、まわりの友だちや親しい大人が「おいしいね」と言い合っていると、それに巻きこまれて「うっかりおいしい」気持ちになったりもします。そんな経験をくり返すうちに、食べられるものがどんどん増えていったのです。

ダイちゃんは、食べものに対してだけでなく、新しい状況に対しても「食わず嫌い」なところがありました。参観日や運動会などといったはじめての行事に参加するのは苦手でしたし、ダイナミックな泥んこ遊びで汚れるのも嫌いでした。鬼ごっこで何度も鬼になったり、カルタが取れなかったり、負ける場合もあったりすることには、なかなか慣れることができませんでした。でも、くり返しやっているうちに、少しずつ楽しさがわかってきました。せっかくの白いご飯にいきなり具をのせられるような思いがけないことにならないように、あらかじめ手順を教えてイメージしやすいようにしてあげれば、少し身構えて物事を受け止められることもわかってきました。

❀

手順がよくわかって、イメージがしやすい絵本に、『おにぎり』(平山英三文、平山和子絵)があります。表紙には黒々とのりを巻いたおにぎりがあり、扉ではそれが弁当箱に詰められています。ふたが開いているので、最後の場面に出てくる包みの中身が前もってわかります。本文では、いきなりご飯を握るのではなく、まず、ご飯、塩、うめぼし、水が出てきて、これらが材料だということがわかります。作業にかかっても、ご飯を握りはじめる前に、「てのひらに、みずを　つけて」「しおを　つけて」という手順があります。

それからやっと、「ごはんを　のせて／あつ、あつ。ふっ、ふっ」とやってから、「ぎゅっ」と握ります。まんなかに入れるうめぼしは、最初の場面と裏表紙に出てくるので、なじみがあります。おにぎりが一個できるごとにのりを巻くのではなく、まず白いおにぎりをたくさん作り、それから二ページを使ってていねいにのりを巻いていきます。そして、白いおにぎりが並んでいたのと同じ構図で、今度はのりを巻いたおにぎりが並んでいる場面となります。「はい、どうぞ」と渡された包みの中身は見えませんが、扉に描かれていたので、おにぎりが詰まっていることはすぐにわかります。

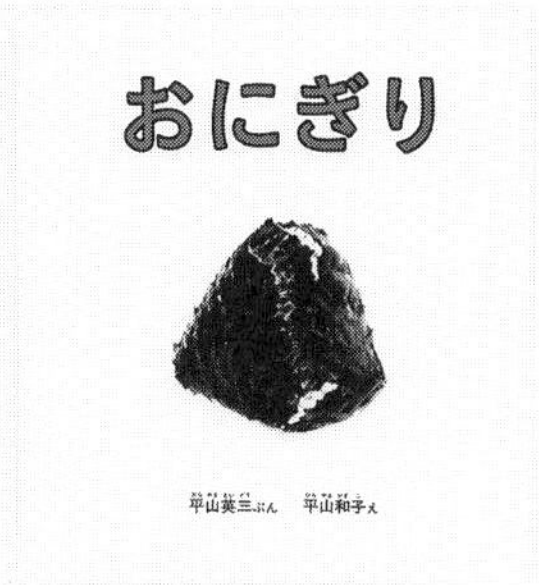

　こんなふうに徹底して丹念に描かれているおかげで、じっさいにおにぎりを作るときに五感で味わうことが、自然に体感できてしまうのも、とてもありがたいところです。たきたてのご飯を混ぜている場面からは、たちのぼる匂いや熱さが感じられます。手のひらにのせたご飯の熱さも実感できます。だれかがおにぎりを作るのを見たことがある子どもなら、「あっちっち」と取り落としそうだった様子を思い出すかもしれません。最初に「ぎゅっ」と握るところでは、まだ指のあいだから湯気がもれていて、熱そうです。まんなかに埋めるうめぼしは、よく漬かって柔らかそうで、ああ、酸っぱそうだなと、その味を思い出します。うめぼしを埋めたあとの「ぎゅっ。ぎゅっ」では、もう湯気は出ておらず、ご飯が手になじんでいるのがわかります。

「ほら、できた」と、最初のおにぎりがお皿にのると、すぐに手を伸ばす子がいます。「たくさんできた」と、おにぎりがお皿に並ぶと、「ぼくも」「私も」と、絵本に押し寄せてきます。「まだのりを巻いてないよ」と言っても、もう待てません。でも、考えてみると、だれもがそんなにおにぎりが好きなわけではないはずです。酸っぱいうめぼしなどは、嫌いな子も多いでしょう。にもかかわらず、「ぼくも」「私も」と手を伸ばしてくるのは、匂いや熱さ、感触などを鼻や手に感じながら、きちんと手順を踏み、時間をかけて「おにぎりを作った」実感を味わったからではないでしょうか。ふだんは苦手なものも、自分で作れば案外食べられたりするものですが、この絵本は、読み聞かせてもらうだけで、「熱さをこらえながら自分で作ったおにぎりが立派にできた。さあ、食べよう」という気分にさせてくれるのかもしれません。

＊

絵本でおなじみだったことが、食べるきっかけになることもあります。ある日、二歳児クラスの給食の時間に、みそ汁のふたをあけた子が、「先生！　見て！」と大声をあげました。何事かと急いで駆けよると、大発見をしたような勢いで、「先生！　なめこはきのこなんよな?」と言うではありませんか。うれしくなった私は、「そうよ！　なめこはきのこなんよ！」と言いました。

みなさんは、「たらこ　かずのこ　さかなのこ／だんごの　きなこは　だいずのこ／たけのこ

たけのこ　なめこは　きのこ……」という詩をご存じでしょうか。これは谷川俊太郎の詩の絵本『めのまどあけろ』（谷川俊太郎文、長新太絵）にある詩のひとつです。朝、目をさますところからはじまって、服のボタンをかける詩、顔を洗う詩、歩く詩と続き、「かんかん　おこりむし」にとりつかれたときの詩や、「ひっちらかし　とっちらかし」とはじまって、「あとかたづけ　ひとだすけ」と終わる詩もあります。どれも調子がよくて、思わず節をつけて歌いたくなります。

「なめこはきのこ」の詩も、挿絵に全部の食べものが並んでいるのを指さしながら楽しんだり、電車ごっこで練り歩きながら唱えたりしていました。それが実物のなめことつながり、「大発見」となったわけです。おかげでどの子も、ひょっとすると苦手だったかもしれないなめこを、抵抗なく口にすることができました。

この絵本は、大人にとっても、ほんとに「ひとだすけ」な絵本です。二歳児は服のボタンに手こずりますが、「いちばん　ぼたん　とおりゃんせ／とんねる　くぐって　うみへでる……」と唱えながら見守っていると、めんどうがらずに格闘し、できた喜びを「うみにでたぁ！」と表現してくれます。「片づけなさい」と命令するかわりに、「ひっちらかし　とっちらかし……」と声をかけたら、続きをいっしょに唱えながら片づけてくれたりもします。私のほうがちょっとイライラしていて、「かんかん　おこりむし……」

と言われてしまったこともあります。こんな詩が共通体験としてあるだけで、大人のほうにもぐっと余裕が生まれ、子どもとの生活を何倍も楽しめるようになります。言葉の力というのは、すばらしいですね。

ぼくたちが育てたんだよ

子どもが好きな食べものというと、どんなものが思い浮かぶでしょうか。チョコレートやアイスクリーム？　ぺろぺろキャンデー、ソーセージ、カップケーキ？　おや、どこかで聞いたような、と思われたかもしれませんね。そう、これは、いろんなものをどんどん食べていくあおむしを描いた絵本、『はらぺこあおむし』(カール作)で、最後のほうにずらりと並んでいる食べものです。あおむしは、これらを全部食べつくし、おなかをこわして、最後には蝶になります。鮮やかな色使いや、ページに穴が開いているしかけなどで、人気の高い絵本ですが、これを見て、「ああ、やっぱり子どもはチョコレートやアイスクリーム、ケーキやキャンデー、ソーセージなんかが好きなんだ」と思いこんではいませんか。

でも、じっさいに子どもたちの好みがそうなのか、大人がそう思いこんで与えるから、そういう好みになるのかは、はなはだ疑問です。その証拠に子どもたちは、キュウリのみそ漬けやつくしのみそ汁なんかが大好きになることもあります。その秘密はどこにあるのか、ちょっと探ってみることにしましょう。

❀

ある幼稚園の五歳児クラスで、キュウリを栽培することになりました。ところが、それを聞いたジロウくんのお母さんから、「うちの子はキュウリが大嫌いなのに、それをクラスで作るなんて」と抗議の電話がかかってきました。園長先生が「まあまあ、様子を見てみましょう」と説得し、キュウリ栽培は無事にスタート。その年は大豊作で、みごとなキュウリが次々に実りはじめました。もちろん園でも食べたのですが、あんまりたくさんなので、順番に家へ持って帰ることになりました。

ジロウくんが園でキュウリを食べていると聞いても、お母さんは半信半疑だったのですが、やがて順番がまわってきたジロウくんは、大喜びでキュウリを持って帰り、「キュウリスティックにして」と、お母さんに頼みました。そうすれば、お父さんにおつまみにして食べてもらえると思ったからでしたが、あいにくその晩、お父さんは帰りがずいぶん遅くなってしまいました。待ちきれないジロウくんは、「一本だけ」「一本だけ」とスティックをつまみ、お父さんが帰ってきたときには、せっかくのキュウリは全部なくなっていたそうです。

大嫌いだったキュウリを、ジロウくんは、なぜ食べられるようになったのでしょう。それは、毎日水やりをしたり、雑草を抜いたり、花が咲いて実になっていく様子を見たりして、じっさいに自分で育てたからです。子どもたちにとって「育てた」という思いがどれほどのものかを語るエピソードもあります。おなじとき、たくさんできたキュウリを、公民館へおすそわけに行くことになりました。公民館のおじさんに、「立派なキュウリだね。君たちが作ったの?」と聞かれた子どもの一人が、「作ってなんかないよ」と言ったので、つきそいの先生はドキッ。でもそれに続いて出てきたのは、「ぼくたちが育てたんだよ」という、堂々たるひとことでした。そこには、大きな自信と満足感があふれていました。

自分で作ったものを自分で食べるのもうれしいものですが、だれかに食べさせるというのは、もっとうれしいものですね。そのとき、来年のための種を取ろうと、巨大になるまでそのままにしておいたキュウリを、どうしても持って帰ると言ってきかない子どもがいました。「こんなに大きくなったのはおいしくないよ」と、もっと食べごろのものを勧めても、断固として譲りません。よくよく言い分を聞いてみると、その子の家は家族の数が多いので、小さいものでは足りないと考えていることがわかりました。お迎えに来たお母さんも、最初はキュウリの巨大さにあきれ顔でしたが、わけを聞いて涙ぐんでしまわれました。その様子を見た年配の先生が、大きくなりすぎたキュウリでも、ばら寿司を作って上に散らせばおいしく食べられると、すてきな生活の知恵を伝授してくれて、お母さんはさっそくそれを実行し、「家族みんなに食べさせたい」というその子の思いは、しっかり届いたのでした。

❀

大人にとっては、野菜が育って収穫できるようになるまでの時間は、たいして長いものではありません。でも、ゆっくりした時間のなかで生きている子どもたちにとっては、一段階一段階が、待ち遠しくてたまらない、とほうもない長さなのではないでしょうか。そんな感覚をみごとにとらえた絵本に、『にんじんのたね』(クラウス作、ジョンソン絵)があります。

男の子がにんじんの種を一粒、土にまきます。でも、お母さんも、お父さんも、お兄さんも、芽なんか出っこないと言います。それでも男の子は、毎日草をとり、水をかけます。「でも　なんにも　でてこない」「そうなの、なんにも　でてこない」と、がっかりする場面が続きます。この絵本は全部で十二場面から成っていますが、最初の種まきの場面のあと、なんと八場面も芽が出ない場面がつづくのです。残りは三場面しかありません。やっぱり芽なんか出ないのでしょうか。

がっかりしはじめるころになって、「すると　あるひ」という、ドキッとする言葉が出てきます。絵には、男の子が期待をこめて見守っている土の上に、茶色い粒々がいくつか飛び散っているのが描かれていますが、それがなんなのかは、次を見ないとわかりません。次は最後からひとつ手前の

場面ですが、そこには、なんと、男の子の倍くらいの高さまで育ったにんじんの葉っぱが描かれています。前の場面の粒々は、にんじんの芽が勢いよく地面を割って飛び出すときに、はね飛ばされた土のかけらだったのでしょう。ここは誇張しすぎのようですが、「め　なんか　でっこないよ」と何度も言われながらも待ちつづけた男の子が、やっと出てきた芽を見つけたときの喜びは、それくらい大きいのですね。

さて、残りはたった一場面。そこには、自分とおなじくらい大きいにんじんを手押し車で運ぶ男の子が描かれ、「ほらね、おとこのこが　おもっていた　とおりに　なったでしょ」と言葉がそえてあります。せっせと世話を焼いて何かを育てたことのある子どもなら、「そうそう、そのとおり」と共感するでしょうし、待てなくなって投げ出しかけている子どもでも、「いいことには時間がかかるもんなんだ」と気を取り直し、信じて世話をつづけることができるでしょう。

野菜の世話をしている子どもたちには、先に紹介した『コッコさんのかかし』もお勧めです。コッコさん自身が畑の世話をしているわけではありませんが、この絵本には季節ごとの畑の様子や空の様子が、匂いや感触、温度や湿度までが感じられるように描かれているので、「ああ、そうだったなあ」と体験を思い出し、反芻する手がかりになります。また、季節がこの先どう移り、それにともなって畑の野菜たちがどう変化していくかについても、ある程度の見通しを立てることができるでしょう。『にんじんのたね』のように、徹底してシンプルであるからこそ伝わることと、この絵本のように五感全部に訴えるからこそわかること、子どもたちにはそのどちらもが大切なんだと痛感させられます。

このつくしはおいしかった

キュウリやナスは、保育園でもよく作ります。さとやま保育園でも大豊作で、朝のティータイムのお茶請けは、いつもキュウリということになりました。生でかじったり、塩をまぶしてまないたの上でゴロゴロ転がす「板ずり」にしたり、おなじく塩をまぶして麺棒でたたく「たたきキュウリ」にしたり、みそ漬けにしたり、日替わりでいろんな味を楽しみました。特にみそ漬けは大好評で、最後の一つをだれが食べるかでもめたり、保育者が捨てるつもりでよけておいたヘタを食べる子がいたりするほどでした。ナスもみそ汁に入れてもらうと、競っておかわりをしていました。

愉快だったのは、それからずいぶんたった、ある冬の日の出来事でした。どんな話題からだったのか、ふと気がつくと、子ども同士で「みそ漬けまた食べたいなあ」と、しみじみ語り合っていたのです。子どもには「みそ漬け」も「しみじみ」も縁遠いように思われますが、まさに「しみじみ」としか言いようのないほっこりした雰囲気で、うれしくなってしまいました。

大人でも人によってはちょっと苦手なつくしさえ、子どもたちは大好きになってしまいます。春に裏山へ散歩に出たとき、一人の子がつくしを一本だけ見つけ、お昼のみそ汁のお鍋に入れてもらいました。でも、食事がはじまっても、だれのおわんにもつくしは見当たりません。「おかわりのなかにあるかもね」と言うと、みんなすごい勢いで食べておかわりを競いました。やがてタロウくんが「あったぁ！」と大声をあげると、みんなタロウくんを囲んで「どこどこ？」「見せて！」と大騒ぎ。でも、サブロウくんだけは「おれはいらん。つくしは苦いもん」と言って、一人仏頂面で食べ続けています。「食べたことあるの？」と聞くと、「あるよ。でもな、すっげえ苦いんでぇ」と言いました。

それから数日たって、園で借りている畑のまわりにつくしがたくさん生えているという情報がはいりました。ちょうどジャガイモを植えにいくときだったので、そのついでにどっさり採ってきて、「はかま」と「あたま」を取るのに大騒動。もう小さい組ではお昼の配膳がはじまっているし、みんなおなかがすいてイライラしてきます。このあいだは「いらん」と言っていたはずのサブロウくんも、しばらくはがんばっていましたが、「もうやらん！」と投げ出してしまいました。でも、半分以上の子は最後までがんばり、下ごしらえのすんだつくしを全部ゆでてもらい、すでに机の上に出ていたみそ汁のお鍋に入れてもらうことができました。

今度はつくしがあまりにぎっしりだったので、「これ苦そう……」と内心心配だったのですが、子どもたちは「早く食べよう！」とうきうきしています。おそろおそる食べてみると、苦みはまったくなくて本当においしく、「おかわり！」の連続でした。サブロウくんも、これでもかとばかりつくしをおわんにいれていましたから、「苦いからいらん、って、言ってなかったっけ？」と意地悪く聞いてみると、「これはいいんじゃ」とすまして食べていました。どうやら先日のは、やせ我慢だったみたいです。

最初は一本しかなかったというのも、子どもたちの興味をそそったようですが、自分たちで採ってきて下ごしらえをして食べたという体験が、あまり口にすることのなかったつくしさえも、大好きにさせたようです。はじめて食べたという子も何人かいましたが、みんなサブロウくん同様、「このつくしはおいしかった」そうです。

＊

それからしばらくたって、『つくし』(甲斐信枝作)という絵本があるのを見つけました。これは、つくしがどんなふうにして増えるかなどをわかりやすく説明した科学絵本ですが、最初は、レジ袋にぎっしりはいったつくしが、「てんぷら、たまごとじ、つくしごはんに、やきたての　つくし」になるところからはじまります。きれいなお皿に盛られて並んだ料理のおしいそうなこと！　思わず、手前に描かれた赤いお箸を手に取って、「いただきまーす」と言いたくなります。まずこれがあって、それから田舎の景色になり、次にたんぽぽなどに混じってにょきにょきと頭をならべているつくしが出てくるので、最初から「おいしいもの」として興味を持って読めるのが、うれしいところです。

　子どもたちは、土のなかでねっこがつながりあい、そのねっこのところどころに丸いたまがくっついている様子に興味津々。「たまは、つくしや　すぎなを　そだてる　ための　えいようが　ためてある　ちかの　くら。たべてみたら　じゃがいもに　にた　あじがする」というところや、ねっこには蓮根みたいに穴があいていて、「あなの　まわりから、あまい　みずが　じわーっと　しみだしてくる」というところを読むと、「このつくしはおいしかった」のサブロウくんが、「あのたま、食べてぇなあ」とつぶやきました。

　そのあとには、つくしが煙のように胞子を飛ばす様子、つくしが枯れて、かわりにすぎなが繋っていく様子、地面の下のねっこが栄養をためこみ、地面の下で小さなつくしができはじめる様子が、わかりやすく描かれています。とりわけわくわくさせられるのが、積もった雪のすぐ下に、「まるまると　ふとった　つくしの　あかちゃん」が勢ぞろいして、春を待っているところ。つくしもちゃんと生きていて、だからこそあんなにおいしいんだと、思わず納得させられます。

この絵本を読んでから数日たった初夏の一日、畑へ草抜きに行きました。ふと見ると、何人かの子どもたちが草抜きもせずに頭を寄せあっています。虫でも見つけたのかなと近づいてみると、「これ、つくしじゃ」「何言よん、すぎなよ」「でも、あとでつくしになるで」と論争中です。「先生、これは抜かんほうがええよな?」「草じゃないもんな?」と言うので、「そうね、置いとこうか」と答えたら、目と目を見合わせてにやっとしていました。いまは食べられなくても、そこにあり、来年の春になったら食べられる、という楽しみを、しっかりしまいこんだ子どもたち。絵本と実体験とがうまく重なったおかげで、狩猟採集でくらしを立てていた祖先たちの「生きる力」が、ほんの少しとはいえ、たしかに子どもたちに手渡されたことを感じました。

❀

子どもたちのなかには、狩猟採集の本能がいまなお潜んでいるのかもしれません。ある春の日、F先生が幼稚園の子どもたちと散歩をしていたら、道ばたにタケノコがにょきにょきと顔を出していました。それを見た子どもたちは、目を輝かせて「掘りたい!」と言いましたが、山の持ち主に断りもせずに掘るわけにはいかないので、なんとかなだめてその日は帰りました。

ところが、お迎えのお母さんたちにその話をすると、「うちの山には生えすぎて困っているから、掘りにきてほしい」という申し出がありました。先生たちは大喜びで下見に行きましたが、途中は

草ぼうぼうの山道で、子どもたちを連れていくのはためらわれます。そこで、鎌を持っていってせっせと草刈りをしていたら、車で通りかかった近所の人がわけを聞き、「そんなんでは日が暮れる。ちょっと待っとけ」と言ったかと思うと、仲間を連れ、草刈り機を積んでもどってきて、あっというまに道をきれいにしてくれました。

おかげで翌日、子どもたちは念願のタケノコ掘りを満喫することができました。ひとしきりタケノコを掘ったあとは、斜めになった竹にぶら下がったり、倒れた竹に馬乗りになったり、大きくなったタケノコと背比べをしたり、皮を剝がしてお面にしたり、遊びはどんどん広がっていきました。

帰りがけ、一人の男の子が、もうほとんど竹になりかけの大きなタケノコを持って帰りたいと言い出しました。でも、掘ったタケノコだけでも持ちきれないくらいだったので、その日はがまんしてもらって、あとでまた取りにいきました。しっかり長く育っていても、まだ若い竹はみずみずしくてそう硬くはなく、園にかついで帰った子どもたちは、節を抜いて水路を作って遊びました。得意顔で各自の家に持ち帰ったタケノコのほうは、タケノコごはんやきんぴら、木の芽あえ、煮物などに変身し、いつもなら手を出さない子も「おいしい、おいしい」と大喜びだったそうで、お母さんたちのあいだでは、しばらくその話で持ちきりでした。

絵本の『たけのこほり』（浜田桂子作）で子どもたちがタケノコを掘る様子は、笑ってしまうくらいF先生の体験にそっくりです。この絵本には、子どもたちが巨大な鍋でタケノコをゆで、お米をとぎ、タケノコを刻み、子どもが六、七人ははいりそうな大釜でタケノコごはんを作る様子や、ごはんが炊けるのを待つあいだ、タケノコを使ったりタケノコになったりして遊ぶ様子も描かれています。掘ることろから体験するのはなかなかむずかしくても、皮つきのタケノコとこの絵本とがあれば、料理や遊びはやれますし、タケノコがどんなふうに生えていたかを、絵と見比べながら想像してみることもできます。自分で掘ってみたことのある子どもたちにとっても、五感に訴えるように力強く描かれたこの絵本は、楽しい体験を味わいなおし、「こうだったね」「もっとこうだったよな」と語り合うための、うれしい糸口になってくれるでしょう。

食べてもらう喜び

子どもたちは、いつも「食べさせてもらう」側にいるからでしょうか、それとは反対に「食べさせること」「食べてもらうこと」が、うれしくてしかたがないようです。クラスでクッキングをすると、「ほかのクラスにもあげたいな」「じゃ、おれ持っていく！」「おれも！」と、奪い合いになります。やっと歩けるようになったばかりの小さい子も、ままごとのコップやお皿を、「どうぞ」

と言いたそうな様子で渡してくれます。砂場でごちそうを作ると、自分で食べるまねをするより先に、まず親しい大人に運んでいきます。食べるまねをして「おいしいね」と言おうものなら大喜び、どんどんおかわりを持ってきてくれます。もう少し大きい子になると、友だち同士でお母さんと子どもになったり、お店屋さんとお客さんになったりして、やりとりをしています。実際に食べられるわけではないのに、作って食べてもらったり、食べるふりをしてみたりというのは、毎日やっても飽きないくらい楽しいことのようです。

それなのに、最近、子どもたちのそんな姿が以前ほど見られなくなった、という声が、あちこちから聞こえてくるようになりました。お店屋さんごっこはあいかわらずやっていても、そこでのやりとりはファーストフード・ショップの接客マニュアルそっくりで、生きた会話にはなかなか発展しないという話も聞きます。ごっこ遊びを楽しくするには、相手の「見立て」を説明抜きでキャッチして、その「見立て」にさらに命を吹きこむように、言葉や身振りを返していく力が必要ですが、昔なら生活のなかで自然に育っていたそんな力が、いまはなかなか身につきにくくなっているようです。

そこで大切になってくるのが、まわりの大人からのサポートです。『ちさとじいたん』(阪田寛夫詩、織茂恭子絵)は、ちさという女の子と、近所のおじいさんとのかかわりを、初夏から冬までの季節の変化とともにたどった十三の詩から成る絵本で、物語絵本ではありません。しかし、そこに登場する「じいたん」が、ちさの遊びにうまく参加し、自分も楽しみながらサポートしている様子は、子どもに大きな満足感を与えるとともに、大人には、子どもの遊びにどうかかわればいいかをそっと伝授してくれます。

お店屋さんごっこを描いているのは、「ごちゅうもん」という詩です。「ちさの　れしゅとらん」の今日のメニューは、「あいすくりいむ／おもれつ／じゅーす／まぜごはん／おうどん／とまと」ですが、じいたんは「ながいこと　かんがえて」おうどんを「ごちゅうもん」してくれます。どうせほんとに食べるわけではないのだから、どれだっていい、などという、いいかげんな態度ではないのです。うどんは「ぱんつの　のびたごむひも」ですが、じいたんはちゃんと「よくかんで」食べます。そのあとに、おまけの「あさがおの　じゅーす」と「ちいさく　ちぎった　いろがみ」の「まぜごはん」が出ます。じいたんはじゅーすを飲んだあと、「ずぼんのべるとをゆるめてから」、ごはんを「よくまぜて」食べます。子どもへのお愛想では、なかなかここまでできるものではなく、じいたんがちさとの遊びを本当に楽しんでいることがわかります。

おなじようなかかわりは、『コッコさんのおみせ』（片山健作・絵）にも見られます。この絵本では、コッコさんがお菓子屋さん、果物屋さん、カレー屋さんを次々に店開きするものの、遊びに夢中なお兄ちゃんも、新聞を

読んでいるお父さんも、ごはんの支度に忙しいお母さんも、お客さんになってはくれません。そこでコッコさんは出前をすることを思いつき、まずはお兄ちゃんに、カレーとサラダを食べてもらうことができました。次にお父さんのところへ行くと、お父さんはカレーをひとくち食べてからちょっと考え、「カレーは　もっと　からくなきゃ」と言います。そこでコッコさんが「うんと　からくすると」、お父さんは「なんどもおかわり」してくれました。お母さんにもひとくち食べてもらって、カレーとサラダはうりきれとなり、お店にもどったコッコさんがくまさんとお茶を飲んでいると、ほんとのごはんの時間になって、テーブルには「おかあさんが　つくった　カレーと　サラダ」が並んでいました。

遊んでもらいたくても、みんなそれぞれに忙しくて、なかなか思うようにはかかわってもらえない、というのは、いまの子どもたちの現実だろうと思います。この絵本には、ちょっとさびしいその現実がありのまま描かれていて、読んでもらう子どもたちの共感をそそります。それだけに、自分のほうから一歩踏み出すことで、ちゃんとかかわってもらえる、という展開はうれしいですし、味に文句を言い、からくしたらいっぱい食べてくれたお父さんの対応には、心からの満足が湧いてきます。たとえ忙しくても、こんな気のきいた対応がちょっとできるだけで、子どもの「見立て」の力、遊びの意欲は、むくむくと育ってきます。こんな絵本を親子いっしょに楽しむことで、大人も子どももぐぐっと遊び上手になれるでしょう。

燃える火の体験も

さとやま保育園では、イモ掘りのあと、毎年、焼きイモパーティーをします。焼くのには、途中に網が入れてあって下で火が焚けるドラム缶を使います。その網の上に河原の石を詰め、ぬれた新聞紙とアルミホイルで包んだイモをその上に置いて焼きます。イモを包むのは年長児の仕事で、やってみたくてしょうのない二歳児もまねをしますが、なかなかうまく包めません。燃やすのは裏山から取ってきた枝や園庭の落ち葉で、火の番はボランティアのお父さんやお母さんたちです。

燃やす落ち葉はいくらでも必要なので、焼きイモ屋さんの帽子をかぶった五歳児たちが、落ち葉を持ってきた子におイモの券を配りはじめました。わけがわからなかった二歳児たちも、理屈がのみこめると、熱心に落ち葉を拾いはじめました。やがておイモの焼けるいい匂いが園庭じゅうに広がり、五歳児の焼きイモ屋さんが、あつあつのおイモを届けてくれました。「熱いからね。フーフーしてよ」と注意しても、早く食べたくてたまりません。思わず口をつけて、「あちっ」と悲鳴をあげながらも、みんな何度もおかわりして、しまいには皮まで食べる子がいたほどでした。

その翌日、二歳児たちと園庭で遊んでいたとき、一人の子が落ち葉をせっせと集め、山のようにして枝でつついているのに気がつきました。ひょっとすると……と思い、「おイモ、焼いてるの?」と聞いてみると、うれしそうにうなずきます。ほかの子どもたちもやってきて、まわりにしゃがみました。だったらおイモがないと、と思って、急いで新聞紙を持ってくると、子どもたちは新聞紙を丸めておイモを作り、用心しいしい落ち葉の山のなかに入れはじめました。

私が「おイモ」を持った手をさっと落ち葉のなかにつっこむと、「あちぃんよ!」と注意されてしまいました。「ああ、あったかいね」と手をかざしてみせると、子どもたちも火にあたるまねをしはじめました。「もう焼けたかな?」と言うと、最初に落ち葉を集めはじめた子が、「先生、あちぃからな、フーフーしてよ」と、「おイモ」を渡してくれました。みんな、焼きたてのイモを食べるみたいに真剣な顔つきで「フーッ、フーッ」と息を吹きかけ、食べるまねを楽しみました。なかには、残っていた新聞紙で「おイモ」を包み、先っぽだけ出して食べるまねをしていた子もいたほどです。

落ち葉の山にイモを入れて焼くというやり方は、その前の日のドラム缶方式とは明らかにちがっていました。最初にはじめた子どもは、きっと自分の家で昔ながらの焼き方を体験したことがあり、園の焼きイモパーティーがきっかけで、それを思い出したのでしょう。ほかの子たちがみんなおなじ経験を持っていたとも思えませんが、「火を囲んで食べる」ということは、まさに人間として生きることの原点でもあるのですから、現代の幼児たちのなかにも、それを喜びとする感覚がまだしっかりと残っているのかもしれません。

＊

しかし、「燃える火がおいしい食べものを作る」ということを、いま、どれだけの子どもが実感として知っているでしょうか。ガスの火を使う場面はまだまだあるとはいえ、ごはんをたくのは電気炊飯器でしょうし、お湯を沸かすのも電気ポットがふつうになりつつあります。電子レンジで温めるだけで食べる場面も増えていますし、調理はすべて電気という住宅も珍しくはないご時世です。ひょっとすると、いまの幼児たちのなかには、花火をするときくらいにしか「燃える火」を見たことがない、という子もいるのではないでしょうか。いや、その経験すらなく、アニメやゲームのなかでめらめらと燃え上がる火――熱くもなく、煙の匂いもしない火しか見たことがない、という子も珍しくないんじゃないかと、不安になってきます。

人間にとって、「燃える火」は、おいしい食べものを作るのに欠かせないものであると同時に、夜の闇や寒さや野獣たちから身を護ってくれるものでもあり、家族や仲間との絆を深めてくれるものであり、お話が語られる場を作るものでもありました。もちろん火には、きわめて危険な側面もあり、コントロールには細心の注意が必要です。昔の家は、囲炉裏やかまどのある日本の家でも、暖炉のある西欧の家でも、ペチカのあるロシアの家でも、屋内で安全に火を焚くにはどうすればいいかというところから出発して、それを最優先に作られていました。また、伝統的な祭には、洋の東西を問わず、火の不思議さや恐ろしい破壊力を強く印象づけるパフォーマンスがたくさんあります。いったんすべての火が消され、漆黒の闇のなかで「新しい火」が点《とも》されるもの、大きなかがり火がごうごうと火花を噴き上げるもの、大松明《たいまつ》が振りまわされるものなど、みなさんもいろいろご存じのことと思います。

そんな「火の体験」を奪い去られてしまっても、はたして子どもたちは力強く育っていけるでしょうか。「しっかり食べる」力の不足は、ひょっとするとそのこととも関係があるのではないかと、私には思えてなりません。せめて絵本ででも、「燃える火」のありがたさや力強い輝き、それと表裏一体の恐ろしさをしっかり味わってほしいのですが、残念ながら、絵本にはなかなか適当なものが見つかりません。焼きイモやバーベキューなどを題材としたものはいろいろあるのですが、火の表現は概して控えめで、何冊かのぞいてみた範囲では、「燃える火」の不思議な美しさを感じさせてくれるものはありませんでした。あるいはそれは、絵本が火への興味を呼びさまし、火遊びの原因になっては困ると危惧したためかもしれませんが、いまの子どもたちをとりこにしているアニメやゲームには、炎が爆発的に燃え上がるような刺激的なシーンが珍しくありません。そんな破壊的な火ではなく、おいしい食べものを作ってくれる火、冷えた身体を温め、千変万化の輝きで見る者

を楽しませ、団欒の喜びを与えてくれる火を、なんとかして子どもたちにも手渡していきたいものです。

火が主な主題ではありませんが、そんな火の魅力が味わえる絵本に、伝統芸能を扱った『おかぐら』(脇明子文、小野かおる絵)があります。稲を刈り取ったあとの田んぼで夜を徹して舞われるお神楽《かぐら》の舞台のそばでは、大きな火がごうごうと燃え、ひとしきり見物して寒くなった子どもたちが火にあたりにいくと、たちまち顔がかっかと熱くなり、火の粉がはぜて空に舞い上がります。小野かおるの力強い絵は、年に一度の祭のときだけに焚かれる特別な火の頼もしい輝きを、しっかりと伝えてくれています。

江戸時代の農村の一年間を描いた『近世のこども歳時記』(宮田登文、太田大八絵)にも、どんど焼きを描いたすばらしい一場面があります。河原に藁で作った高い塔は、人の身長の五倍くらいはあり、それが勢いよく燃え上がると、集めておいた正月の飾りものや門松を投げこんでいきます。大きな炎を囲むように黒い煙が渦巻き、風に流される様子には、臨場感があふれています。手前を流れる川にも、炎の輝きが映っています。『おかぐら』の火もこの火も、食べものを作る火ではありませんが、この場面では、手に手に繭玉のついた枝を持った子どもたちがどんど焼きを取り巻

き、繭玉を炎であぶっています。それを食べたらその一年は風邪をひかない、という言い伝えがあったのだそうです。こんな絵本も、子どもたちに紹介していきたいなと思いました。

食べたり、食べられたり

ところで、「食べる」ということにはひとつ、微妙でむずかしい問題が含まれています。それは、つくしやタケノコならともかく、魚やニワトリや牛や豚は「生きもの」だということです。大人はそれについては考えないトレーニングを積んでいますが、擬人化された動物の出てくる絵本や昔話に親しんでいる子どもたちにとって、絵本では自分たちそっくりに服を着て歩いている豚がオオカミに食べられるというのは大事件でしょうし、自分たちもまた、ハンバーグやハムやソーセージになった豚を食べているのだということを受け入れるのは、そうたやすいことではなさそうです。

でも、生きものがかわいそうだからといって、一生野菜しか食べないというわけにもいきません。それに、人間だけがほかの生きものを食べているのではなく、生きもの同士、食べたり食べられたりして生きているのが現実です。絵本のなかには、ネコが心を入れ替えてネズミを食べるのをやめ、それからはみんななかよく暮らしました、めでたしめでたし、というようなストーリーのものがあり、「思いやりの心を育てる」「平和の大切さを訴える」などと評価されていたりしますが、「心を入れ替える」ことがいくらかでも可能なのは人間だけで、ネコは人間から餌をもらうのでなければ、ネズミや小鳥やトカゲなどをとらえて食べるしかないのです。

ですから子どもたちには、擬人化された生きものたちがなかよくくらしている絵本だけでなく、「食べたり、食べられたり」という自然の営みをさりげなく伝えてくれる絵本も手渡してほしいのですが、第1章でも触れた『ゆかいなかえる』は、それに最適な一冊です。この絵本は、水のなかにゼリーのようなカエルの卵が群がっている場面からはじまります。ところがそこへ魚がやってきて、ほとんどの卵をぱくっと食べてしまいます。でも、四つの卵が無事に残り、それがオタマジャクシになって、カエルになって、元気に遊びはじめます。泳ぐ競争をしたり、カタツムリを使って宝探しごっこをしたり、「ひいらいた　ひいらいた」とお遊戯をしたり、まるで保育園の子どもたちのようです。やがてカエルたちは、「ああ　おもしろかった。おなかが　すいた」と言い、「とんぼのたまごと　みずくさで　おいしいごはん」にします。

お母さんにこの絵本を読んでもらっていた五歳のタカシくんは、ここで「ええっ、わるーい！カエルが卵を食べてる！」と驚きの声をあげたそうです。タカシくんがそう感じたのは、たぶん、最初の部分でカエルの卵のほとんどをぱくっと食べてしまった魚を、「悪いやつ」と思っていたためでしょう。あとのほうにも、カエルたちが楽しく遊んでいると、サギやカメが餌を探しにやってきて、そのたびにうまく隠れてやりすごす場面があるのですが、そこでもカエルたちは「うまく逃げないと食べられる側」で、サギやカメは「悪いやつ」でした。ところが、粒々になったトンボの卵をどっさりかかえ、まとめて口に入れているカエルたちのふるまいは、あの魚そっくりではありませんか。すっかり大好きになりかけていたカエルたちが、そんな悪者みたいなことをしたので、タカシくんは驚いてしまったのでした。

でも、お母さんが、「おなかがすいたら、食べものを食べなきゃ。トンボの卵はカエルのごちそうなんだよ」と言うと、タカシくんはもう一度じっと絵を見つめ、それから、何かを思い出したように、意味ありげに笑いました。どうしたのとたずねてみたら、タカシくんは、「秘密だよ」と念を押してから、「ぼくね、アリンコ、食べたことある」とささやきました。びっくりしたお母さんが、「どんな味だった?」と聞いてみたら、「えへへへへ……酸っぱかった」とのこと。どうやら、ほんとに食べたようでした。

カエルの卵は魚に食べられ、カエルになったらサギやカメにねらわれ、そのカエルはトンボの卵を食べる……どっちが悪者というわけではなく、たいていの生きものは、生きるためにほかの生きものを食べているんだということに、タカシくんはうまく気づいてくれたのでしょう。ほかの命を食べるのが悪者なら、「食物連鎖の頂点」にいる人間ほど「悪いやつ」はいないわけですが、そんなふうに思って自分を責めたら、ぱくぱく食べて元気に育つことはできません。それよりも、食べたり食べられたりは生きていく上でふつうのことと受け入れ、そのなかでたくましく生き抜く力を、このゆかいなカエルたちから教えてもらったほうが得策です。カメが襲ってくればさっと逃げてその背中に隠れ、きょろきょろ探すのを笑って見ているカエルたちの明るさときたら、まったく天下一品です。現実の厳しさに動じないこの底抜けの明るさを、ぜひ子どもたちに手渡していきたいものです。

＊

カエルの卵が食べられるくらいのことには動じない大人も、主人公のお父さんが食べられてしまったとなると、ちょっとたじろいでしまうかもしれません。絵本の古典ちゅうの古典である『ピーターラビットのおはなし』(ポター作・絵)は、絵がカレンダーやお皿やバッグなどによく使われているので、「あのかわいいうさぎの絵本」と思って手に取ってみる人も少なくないようです。ところが、最初にお母さんうさぎが子どもたちにむかって、「マグレガーさんとこの　はたけにだけは　いっちゃいけませんよ」と注意する場面に、「おまえたちのおとうさんは、あそこで　じこにあって、マグレガーさんのおくさんに　にくのパイにされてしまったんです」とつけ加えられているので、「なんと残酷な」とびっくりした、という声をよく聞きます。読み聞かせるときにそこは

飛ばす、という人もいました。

でも、そこを飛ばして、お話はちゃんとつながるのでしょうか。フロプシーとモプシーとカトンテールは、お母さんの言いつけどおりにしましたが、腕白坊主のピーターだけは、平気で畑へかけつけて木戸の下からもぐりこみ、おいしい野菜をたらふく食べたあと、マグレガーさんに出くわします。マグレガーさんは「どろぼうだ、どろぼうだ！」とどなりながら追いかけてきて、ピーターは必死で逃げるうちに、すぐりの木にかけてある鳥よけの網に、上着のボタンがひっかかってしまいます。ピーターは「もうだめだ」と絶望しますが、すずめたちに励まされ、危ういところで上着を脱いでまた逃げます。

ピーターが上着を着ていなかったら、ボタンがひっかかることもなかったし、逆に上着を脱いだから逃げられたということもなかったわけで、このへんはファンタジーですが、お百姓のマグレガーさんが畑を荒らすうさぎを追いかけ、うさぎが必死で逃げるというのは、まったく現実そのままです。うさぎにとって、人間の畑の野菜は森の植物よりもおいしく、その誘惑にはなかなか勝てませんが、つかまったら容赦なくパイの材料にされるのも当然のことで、食べるというのはときには命がけの仕事なんだということがよくわかります。お父さんがどうなったかを隠してしまうと、逃げまわるピーターの必死さは、じゅうぶんには伝わりません。ピーターが上着を着ていたというファンタジーも、まだ新しかった上着を置いてくるしかなかった、ということで、いかに大変だった

かを実感させるのに役立っています。

ピーターはやっとの思いで逃げきり、家に帰りますが、その晩はおなかの具合が悪く、かみつれのせんじ薬を飲まされて寝かされます。一方、「いいこ」だった姉妹たちは「パンにミルクをかけたのと　くろいちご」を晩ごはんに食べて幕となりますが、「だから、言いつけはちゃんと守りましょう」というお話かというと、けっしてそうではないと思います。たしかにピーターは怖い思いをしましたし、上着やくつをなくしましたが、おいしい野菜はいっぱい食べたし、無事にお母さんの待つ家へ帰って、安全なベッドのなかにおさまっているのですから、一件落着です。これに懲りてピーターは二度と冒険はしないかというと、たぶんそんなことはなくて、次はもう少し賢く立ちまわるようになるだけでしょう。その無鉄砲さがあるからこそ、ピーターは主人公として子どもたちの共感を勝ち得てきたのであって、作者のポターだって、言いつけをよく聞く姉妹たちよりもピーターのほうをひいきにしていることは明らかです。

いまの世の中、人間が文字通りの意味で「食べられる」ことはほとんどありませんが、生きていくには、やはりいろんな意味で「食べたり、食べられたり」をくぐり抜けていかなくてはなりません。ピーターの冒険に手に汗を握り、一喜一憂することは、そのために必要なたくましさを育てる上で、おおいに意味のあることではないでしょうか。同様に

「残酷だ」と反発され、筋を改変した形で子どもたちに与えられることが多い「三びきのこぶた」のお話にしても、本来の形でこそ子どもたちに生きるための貴重なメッセージを与えることができるのは、脇明子の『物語が生きる力を育てる』にくわしく書かれているとおりです。本来の形でのこの昔話をうまく絵本にしたものには、ガルドンの絵による『三びきのこぶた』がありますので、のぞいてみてください。

ハプニングで「生きる力」がむくむく

最後にもうひとつ、とっておきの出来事をご紹介しましょう。さとやま保育園では、毎年四歳児たちが、ほかの園と共同で宿泊施設を借りて、お泊まり保育をします。ところが昨年は新型インフルエンザの心配がもちあがり、それぞれの園ごとに行なうことになりました。せっかくだから保育園でやろうと相談がまとまりましたが、宿泊施設とちがって、晩ごはんを用意してもらうことができません。「夜は給食ないよ。どうする?」と、子どもたちに相談すると、「作ったら?」という声があがりました。夜は「カレーライス」、朝は「パンとゆで卵とスープ」に決定。でも、材料がありません。子どもたちにそう言うと、「Mストアへ行ったら、なんでもあるよ」「そうそう、買いにいこう」とすでに盛り上がっています。「でも、お金がないんよな」と困ってみせると、一人が

「園長先生にもらったらいい」と提案。口をはさむ暇もなく、賛同した何人かが、担任を尻目に園長室へ押しかけました。

あわててあとを追うと、子どもたちはすでに園長に話したようで、「でも、いくらいるかわからないと、あげられないね」と返され、さっきの勢いはどこへやら、すっかり困り顔になっていました。私が下見に行ったほうがよさそうだな、と思いながらも、「どうする？　私はMストアへは行かないから、値段がわからないし……」と言っていると、通りかかったG先生が、「今日の新聞に広告がはいってたよ」と持ってきてくれました。子どもたちと額をつきあわせながら見てみると、なんと明後日はカレーのルーが安売りです。でも、残念ながらジャガイモやニンジンの値段はなく、一挙解決とはいきませんでした。

困っていると、G先生がまた、「H先生は家が近いからよく行ってるんじゃない？」と、いい助言をくれました。すると子どもたちも、「ひまわりぐみの先生と、Mストアで会った」「ゆりぐみの先生も」と、口々に言いました。さっそくグループに分かれて、品物の値段を調査してくることになりました。

子どもたちは、必要な値段を聞いてきたのはもちろんのこと、「Mストアへ行くんなら、割引券をあげる」と言われて、ちゃっかり券をもらってきたり、「エコバッグを持っていったら、割引してもらえるよ。明日持ってきてあげる」と、うれしい約束をとりつけてきたりしました。だいたいの値段がわかったので、もう一度園長のところへ行くと、「じゃあ、グループごとにあげるから、余ったらお釣りをもらってきてね」と、やっとお金をもらうことができました。広告は部屋にはり、「明日の次に行こうね」と、楽しみにみんなでながめました。

次の日、「先生！　ジャガイモのあるとこ、見てきた」「卵もたくさんあったよ」と、すでに下見をしてきた子どもたちがおおぜいいました。保護者に聞くと、「いつもはお菓子売り場に直行するのに、明日買いに来るんじゃからと、まっ先にジャガイモを探してました」とのこと。走りまわって値段を調べたりしたので、「自分たちで買いに行くんだ」という気持ちが、ぐんと高まっていたのでしょう。

いよいよ買い物当日、職員から借りたエコバッグと、もらった割引券、そしてもちろん大切なお金を握りしめ、子どもたちは元気に買い物に出かけました。レジではしっかり割引券を使い、お釣りもちゃんともらってきました。そうやって、材料を調達するところから自分たちでやり、作るのも自分たちでやったのですから、そのカレーがついぞないほどおいしかったのは当然でしょう。ふだんは少食の子も、偏食の子も、呆れるほどの食欲と満面の笑顔で、「おかわり！」を連発しました。まだまだ幼いと思ってしまいがちな四歳児に、こんなにもたくましい「生きる力」がひそんでいたとは、うれしいびっくりでした。まさにハプニングは、大きな力をひきだすチャンスでもあったようです。

第3章　安心と冒険と

○梶谷恵子
脇　明子

大人にこそ絵本は必要

これまで、散歩と食事という切り口から、子どもたちが育っていく姿と、そのなかで出会うさまざまな絵本の役割とを見てきましたが、豊かな実体験の機会に恵まれた子どもたちの場合、ともすると子どもたちのほうがどんどん先に突っ走り、絵本はそのあとからついていくという感じになっていることがわかります。子どもたちが元気に育っていける環境が整っているのなら、絵本はさほど大切ではないんじゃないか、とも言いたくなってくるほどです。

でも、絵本はやはり、とてもとても大切です。それはひとつには、いまの世のなかでは、実体験の機会が申し分なく豊かなどということはほとんど望めず、その不足を補うのには、絵本が非常に役に立つからです。それに、体験の機会は足りていても、それを反芻し、得たことを自分のものにしていくにあたっては、共通する内容を扱った絵本との出会いが大きな助けになります。「自分もこうだったな」と思えるような絵本に、子どもたちがどれほど強く引きつけられるかは、見ているととてもよくわかります。

もうひとつ痛感させられるのは、子どもといっしょに絵本を読むことによって、大人のほうがいろんな発見をさせられ、それまでの思いこみをひっくり返され、鍛えられることがいかに多いか、ということです。何の気なしに選んだ絵本や、人に勧められて半信半疑で手に取った絵本に、子どもがぐいぐいとはいりこんでいくのに出会って、「えっ、これは何?」と手にした絵本を改めて見直したことが、どれほどあったことでしょう。

大人はだれでも、昔は子どもだったはずですが、多くの場合、そのときの感覚を忘れています。三歳までの乳幼児期となると、何ひとつ覚えていないという人がほとんどでしょう。その結果、知らず知らずのうちに、現実の子どもとはずいぶんちがう子ども像を思い描いていたり、親として大人としてこうあるべきだと自分を律することに気を取られて、肝心の子どもの姿が見えていなかったり、ということも少なくありません。

そんなとき、一冊の絵本が大人の思いこみに風穴をあけ、子どもを見る目をがらりと変えてくれることがあります。それは、絵本の作り手たちのなかには、大人と子どもとのへだたりを乗り越え、大人の知恵や経験を保ちながら子どもの心のなかにはいりこむ力を持った人たちがいるからです。残念ながらそんな絵本は、続々と出版される新しい絵本のなかのごく一部でしかありませんが、うまくそんなものに出会い、その楽しみを子どもと共有することができれば、子どもが育つと同時に大人も育ち、子どもの育ちをさらに力強く支えていけるようになります。

子どもといっしょに絵本を楽しんできた仲間たちと、そんな経験を語り合っていると、大人にこそ絵本は必要なんだとさえ思えてきます。ただし、大人の目がしっかりと開かれるには、子どもといっしょに楽しむこと、あるいは、内なる子どもの声にちゃんと耳を傾けることが不可欠だということも、忘れるわけにはいきません。いま、絵本に癒しを求める大人が増え、そんな需要に応える絵本が目立つようになっていますが、そのなかには、子どもの心に届く力があるとは思えないものもたくさんあります。「大人にこそ絵本が必要」というのは、そんな心地よいばかりの楽しみ方をさしてのことではなく、大人に必要な絵本は、ときには大人をたじろがせ、試練に立ち向かわせるものでもあるのです。そのいい例として、まずは二冊の絵本を見ていくことにしましょう。

野性と冒険心を思い出そう

『おなかのすくさんぽ』(片山健作)をはじめて目にして、ぱっと飛びつく大人は少ないでしょう。それどころか、「汚い」「怖い」「気持ち悪い」という否定的な言葉が、八方から聞こえてきそうです。主人公はいかにも腕白そうな男の子「ぼく」。「ぼく」がまっしろいシャツを着て歩いていると、水たまりでどうぶつたちがバチャバチャやっています。そのどうぶつの顔ぶれは、大はクマやイノシシから、小はミミズやイモムシに至るまで、かわいいなどとはとても言えず、ふつうの大人なら触りたくないと思うようなものがほとんどです。「ぼく」はさっそく水遊びに仲間入りして、「バッチャン　バッチャン」と暴れたり、どろんこでおまんじゅうを作ったり、クマが掘ってくれた穴のなかにもぐって、「だんだん　どうぶつになるみたい」な気分を味わったりします。

そこまではまだ色調が明るいのですが、次の洞窟探険の場面は、ぐちゃぐちゃと黒いなかにいろんなものがいて、たいていの大人は「何、これ、気持ち悪ーい！」と悲鳴をあげるでしょう。でも、「ぼく」たちは「こわいものなしの　おおさわぎ」で、「あっち　いけば　あっち、こっち　いけば　こっち、あんしん　あんしん　ごあんしん」などと、変な歌を歌いながら進んでいきます。洞窟を抜けてお日さまの光を浴びると、みんないっせいにのびをして大口を開け、「ワーオ　ワーオ　プギャー」などと雄叫《おたけ》びをあげますが、クマやイノシシが読者のほうにむかって開けたその大口のすごいこと。クマの口には「ぼく」がすっぽりはいりそうで、のみこまれるんじゃないかと脅威を感じずにはいられません。

じっさいそのあと、坂道を転がって泥だらけになり、川にはいってひと休みしていると、クマが「ぼく」にむかって、「なんだか　きみは　おいしそうだねえ。ちょっとだけ　なめて　いーい？」と、とんでもないことを言い出します。「ぼく」が「ほんとうに　なめるだけだよ」と言うと、クマは「ペロリ」となめるだけではおさまらず、「ペロ　ペロ　ペロッと　さんかい　なめ」、さらに「すばやく　もう　いっかい」なめます。それどころか、今度は「かんで　いーい？」と言い出し、クマだけでなく、イノシシやヤマネコやカエルやカメも寄ってきて、みんなして、そーっと「ぼく」をかみます。ヤマネコが大口を開けて、「ぼく」の頭に食らいついている様子は、「ネコをかぶっている」ようでユーモラスですが、「ぞっとする」と目をそむける方も少なくないと思います。

　ほんとに食べられてしまいそうなこの危機からの抜け出し方は、それこそユーモアにあふれています。だれかのおなかが「グー」と鳴ったのをきっかけに、みんなのおなかが鳴り、ぼくのおなかもいちだんと大きく「グー」と鳴り、みんな思わず「エへへへへー」と笑います。みんなは「あーあ、おなかが　ぺっこぺこ」と言いあい、「おなかが　なくから　かーえろ」と去っていき、ぼくもきれいにかわいたシャツを着て、「おうちへ　かーえろ」と帰っていきます。

　大人には受け入れにくい絵本ですが、これを広げると、どの子も釘付けになって、まっすぐにお話のなかに吸いこまれていきます。いまの子どもたちは、身ぎれいにするようにしつけられていて、水遊びや泥んこ遊びをいやがったりすることも多いのですが、子どもの内側には、動物の一員としての野性的な力がちゃんとひそんでいて、たとえ抑えつけられ、息もたえだえになっていたと

しても、それを呼び覚まして元気づける力が、この絵本にはたっぷりと含まれているのです。動物的な野性なんて必要ない、切り捨ててしまったほうがいい、とお思いかもしれませんが、それは大まちがいです。なぜなら、人間の身体や心のかなりの部分は、まさしく動物なのであって、まずはその部分をたくましく育て、そこに人間ならではの要素を加えていくようにしないと、基礎工事をせずに家を建てるみたいに危なっかしいことになりかねないからです。

大人がいやがるような虫に子どもたちが夢中になるのも、子どものたくましい野性の現れです。人類は昔、木の実を採ったり、根っこを掘ったり、身近な虫や小動物を捕まえたりして、命をつないでいたはずですが、たぶん私たちは、そんな時代からとほうもない時間をかけて少しずつ身につけてきたことを、子ども時代のわずかなあいだに、ひととおりおさらいする必要があるのではないでしょうか。クマやイノシシやヤマネコなどとの、うっかりすると食われかねない濃密なおつきあいも、人間のほうが動物よりも強くて偉いなどと思い上がらず、いろんな動物を祖先神としてあがめてきた狩猟民の感じ方に近いようです。昔の子どもたちは、あたりまえのようにそんな過程を経て「人間」に育っていましたが、そのことの大切さを教えてくれるのが、『おなかのすくさんぽ』に目を輝かせ、内なるエネルギーを開花させる子どもたちの姿だと思うのです。

❋

大人をたじろがせるもう一冊の絵本は、『チムとゆうかんなせんちょうさん』(アーディゾーニ作)です。これは、船乗りになりたがっている「チムぼうや」が、本当に船に乗りこんで航海し、嵐で難破し、船長といっしょに救命ボートで救助され、家に帰るまでの冒険物語です。海岸の家に住むチムは、船乗りに強くあこがれていましたが、両親には「まだちいさすぎるよ。もっともっと おおきくなって、おとなにならなくちゃだめ」と言われ、悲しくてなりませんでした。じっさい、絵に描かれたチムはとても小さく、両親が相手にしないのも当然だと思われます。しかし、天職と言えるライフワークに出会い、生きがいのある人生を送った人たちの多くは、子どものときにいだいた望みや夢を大切にし、それをねばり強く追いつづけた人たちです。最初はぶかぶかの服のように身の丈に合わない望みでも、やがてはしっくりと身体になじむようになるものだと知れば、子どもたちはどれほど勇気づけられることでしょう。

さて、そんなチムがこれから航海に出る大きな船に乗りこめたのは、いつも浜辺でチムにいろんなことを教えてくれる「ボートのおじさん」が、沖に停泊中のその船の船長に会いにいくから、モーターボートの準備を手伝ってくれたら連れていってやろう、と言ったからです。縄ばしごで船に乗りこんだチムは、おじさんが友だちの船長と話しこんでいるうちに姿を消せば、おじさんはチムのことを忘れて帰ってしまうだろうと思いつき、さっそくそれを実行に移します。案の定、おじさんはそのまま帰ってしまいます。

読み聞かせていると、ここで子どもたちのあいだに、さっと緊張が走ります。みんな、「そんなことをして、いいのかな?」「見つかったら、どんなに叱られるだろう」と、不安でいっぱいになっているのがわかります。思ったとおり、チムはやがて見つかり、船員に耳を引っ張られて船長のところまで連れていかれます。「せんちょうは、チムをみて、とてもおこりました」と書いてある下には、怖い顔でにらみつける船長を、チムが涙か冷や汗をこぼしながら見上げている様子が描かれています。きっと船長は、すぐに親元へ送り返さなければ、とか、そんな手間をかけさせるいたずらをして、ひどいやつだ、などと言いだすにちがいないと、だれだって思うのですが、なんと、船長の口から飛び出してきたのは、「おまえは、ただのりだから、そのぶんだけ　はたらかなければいかん」という言葉でした。これを聞くと、身構えていた子どもたちは、「えっ」と身を乗り出します。「ただのり」だから働かされるというのは、子どもだって大人だっておなじことで、なんとこの船長は、チムを一人前扱いしてくれたのです。

そういうことなら、甲板そうじだって平気です。もちろんつらい仕事ではあって、チムは泣きながら働き、「もう　うちをにげだしたりするもんじゃない」とも思いますが、やがて「もうやめていいぞ」と言いにきた船員には、「おまえぐらいの　ちびにしては、なかなかはたらいたな」とほめてもらえますし、料理場ではコックがココアをいれてくれます。たくましい大男のコックが、片手に鍋を持ったまま、一心にココアを飲むちっぽけなチムを見下ろしている絵は、「どうだ、おれのココアはうまいだろ、うん?」という声が聞こえそうなほど表情豊かで、ちゃんと自分の力で試練を乗り越え、居場所を獲得したチムのほっとした気持ちが伝わってきます。

チムはじきに船のくらしに慣れ、喜んでいろんな仕事を手伝い、船長に「このただのりは　わるくないわい」と言われるほどになります。甲板にすわりこんで、船員のズボンのボタンつけまでやっているチムに、子どもたちは尊敬とあこがれのまなざしを注ぎます。ところがやがて嵐が来て、船は岩にぶつかり、船員たちはみんなボートに乗って、沈む船から脱出します。あいにくチムは船酔いして船室で寝ていて、外へ出てみたときには、船と運命をともにしようとした船長が一人残っているだけでした。チムを見た船長は、この子が忘れられていたとは大変だ、と大騒ぎするかと思いきや、そうではなくて、「やあ、ぼうず、こっちへこい。なくんじゃない。いさましくしろよ。わしたちは、うみのもくずときえるんじゃ。なみだなんかは　やくにたたんぞ」と言い放ちます。

大人はここを読むと、「子どもの安全が第一なのに、とんでもない!」と肝を冷やしますが、子どもにとっては、物語のなかのこととはいえ、こんなにも子ども扱いされないというのは、ぞくぞくするほどうれしいことなのではないでしょうか。

でも、もちろん二人は「うみのもくず」にはならず、救命ボートの人たちの必死の働きで救助され、近くの家の暖炉の前で毛布にくるまり、「あたたかいココアを　なんばいも」飲みます。それからチムは家に電報を打ち、船長も連れて帰宅します。船長がチムの働きぶりをほめ、今度の航海にもぜひ連れていきたいと言うと、両親もそれを認めてくれます。お話は、救命ボートの人たちが「ひとだすけのくんしょう」をもらったことで、気持ちよく結ばれます。

アーディゾーニのお話のいいところは、「ファンタジーではないけれど、現実にはありえないうますぎる話」に、「つい納得させられる現実味」が絶妙にミックスされて、ふつうではできない体験にぐいぐいはいりこんでいけることです。子どもがこんな冒険をするのは、現実にはとても無理だし、子どもにむかって「わしたちは、うみのもくずときえるんじゃ」などとかっこいい言葉をかけてくれる大人は、じっさいにはいないでしょう。でも、ボートにモーターをとりつける手伝いから、甲板そうじ、ジャガイモむき、給仕、ボタンつけなど、子どもでもなんとかやれそうな仕事をせっせとこなすのにつきあううちに、「これだけがんばればできるかもしれない」という錯覚を起こさせてしまうところが、よくできた「お話」の魔術です。子どもにだって、無理な話とわかっていないわけではありませんが、それが自分にとって望ましい夢に重なるとき、人は進んで「お話」の魔法に身をゆだねます。そうすることによって、子どもたちは、「自分の力で夢を実現すること」「夢のためならつらくてもがんばること」「夢のために命をかけること」の手応えを、ごく薄まった形とはいえ、体験として味わってみることができるのです。

大人がアーディゾーニの魔法にかかりにくいのは、「子どもの安全」や「子どもが勝手な行動をしないこと」に気持ちが向いてしまって、冒険の夢がもはや望ましいものとは思えなくなっているからでしょう。でも、お話のなかで体験することに関してまで、安全第一とばかりに目を光らせていたら、子どもは何の夢も持てない臆病者になりかねません。何が現実に可能なことで、何は不可能かということを、子どもは案外ちゃんと心得ているものです。「まねをしたらたいへん」などと取り越し苦労をしないで、子どもの冒険心を育てる物語を、しっかり楽しませてあげてください。

ぼうやはゆっくりおやすみね

さて、ここからは、赤ちゃんから幼児期までの育ちの過程をたどりながら、親子のかかわりや、保育者と子どもたちとのかかわりのなかで、絵本がどんな役割を果たしているかを見ていきたいと思います。

まず取り上げるのは、冬ごもりの穴のなかで生まれた二ひきのこぐまと、かあさんぐまとの会話から成る、『ぽとんぽとんはなんのおと』(神沢利子作、平山英三絵)です。雪の降りつもる森のなか、「おっぱい　のんでは　くうくう　ねむって」少し大きくなってきたこぐまたちは、ある日「かーん　かーん」という音を聞き、「なんのおと?」とたずねます。穴のなかしか知らないこぐまたちには、それはなんだか怖い音でもあり、好奇心をそそる音でもあるのです。かあさんは「きこりがきを　きる　おとでしょう」と教えてくれるだけでなく、「だいじょうぶ。きこりは　ここまでこないから」と安心させることを忘れません。

ある日の音は「ほっほー　ほっほー」で、それはふくろう、逆に音がなくて「しーんと　しずか」なのは、雪が降っているから、「つっぴい　つっぴい」は小鳥の声で、少し春めいてきたことがわかります。「どどー　どどーっ」は雪崩《なだれ》の音で、「ぽとん　ぽとん」は氷柱《つらら》のとける音。ついにある日、音のかわりに「なんだか　いい　においが」がして、「はなが　くすぐったいよ」となったとき、かあさんは「ようやく　はるが　きたのよ」と言い、消え残った雪のあいだにカタクリの花が咲く外の世界へ、はじめてぼうやたちを連れ出してくれます。

こぐまたちが小さいうちは、安心させてゆっくり眠らせ、大きくなるにつれて好奇心をそそるようなひとことを添え、穴のなかにいても「ゆきのたまみたいに　おあそびね」と促し、時が来たら外へ連れ出すこのかあさんぐまの温かさは、まさに申し分なしです。しかも、このくまたちのふるまいは、言葉が使えるのはべつとして、現実のくまの生態そのものですし、聞こえてくる音も冬から春への季節の変化にちゃんと対応しています。絵本には擬人化された動物を描いたものがとても多いのですが、自然のなかで生きるその動物本来の生態とは、およそ無縁な内容になっていることもしばしばです。そんななかで、生態に忠実であって、しかも読み手である人間の親子の気持ちにぴたりと寄り添うこの絵本の力は、無類です。

いま「親子の気持ちにぴたりと寄り添う」と言いましたが、こんなに理想的なかかわりを自分でもしているお母さんは、そうそうはいないでしょう。それどころか、赤ちゃんに触るのが不安、「言葉もしゃべれない子どもに、何を言ったらいいかわからない」などと訴えるお母さんも少なくないのが現実です。でも、とにかく親子でこの絵本を読んでみて、子どもがこのやりとりからどれほど大きな安心感を受け取り、それによって心を安定させているかを実感すれば、「なるほど、こんなふうにかかわればいいんだな」と、こつがつかめてくるはずです。「絵本が大人を鍛える」と言いましたが、最高に温かいこの絵本も、そういう意味で大人を鍛えてくれる絵本のひとつなのです。

お母さんと子どもの対話というのは、絵本によくある形式ですが、愛情を強調しすぎていてちょっと息苦しいものや、しつけ的な意図が見えすぎるものもよく見かけます。また、対話の展開が突飛で、意外性のおもしろさをねらったようなものも多く、絵本の素直な展開を物足りなく思う大人には歓迎されがちなようです。しかし、これから出ていく世界のことをまだよく知らず、興味津々だけれども不安もいっぱいという子どもたちが求めているのは、何よりもまず、どんな質問に

もまっすぐに答えてもらい、怖くないよと安心させてもらうことなのではないでしょうか。

素朴な疑問に対するまっすぐな答えなら、それらをつなぎ合わせていけば、世界が少しずつ見えてきます。じっさい、『ぽとんぽとんはなんのおと』でかあさんぐまが語ることは、全部合わせてもたいした量ではないにもかかわらず、これからこぐまたちが出ていく外の世界について、大づかみなイメージを持たせる役目をちゃんと果たしていることがわかります。安心感を与えるというと、ただ安全に守れればいいと思ってしまいがちですが、これから外へ出て生きていける見通しがあるかないかというのも大切なことで、なんの展望もなくただ守られているだけでは本当に安心はできないのだということに、改めて気づかされます。

擬人化を最低限にとどめたおかげで、スキンシップの喜びがたっぷり味わえることも見逃せません。どこまでがかあさんぐまで、どこからがこぐまかが判然としない黒々とした絵は、「かわいくない」「きれいじゃない」と思われるかもしれませんが、温かい言葉によって想像力をかきたてられ、こぐまになりきった子どもたちは、毛皮と毛皮をすりよせる心地よさを思い浮かべて、この上ない安心感に身をゆだねることができるでしょう。

＊

『おやすみなさいコッコさん』(片山健作・絵)も、ほんわりした安心感であらゆる緊張を溶かしてくれるような絵本で、寝る前の読み聞かせに最適ですが、主人公のコッコさんは一人でふとんにはいっているのであって、お母さんに抱かれているわけではありません。そもそも、お母さんもお父さんもこの絵本には登場せず、人間としては、コッコさんより先に眠ってしまったお兄ちゃんが出てくるだけです。なのになぜ、一人だけ目をさましているさびしさや怖さではなく、心地よい安心感に包まれるような気がするのでしょう。

この絵本で、「そらの　くもが　ねむっても　コッコは　ねむらないもん」などとがんばりつづけるコッコさんに、「いけの　みずだって　ねむったよ」などと語りかけるのは、最初の場面で静かな家並みの上の空に浮かぶ下弦の月です。「おきているのは　おつきさまだけ」と紹介される月は、コッコさんに、ほかのみんなはもうねむったよと語りかけつづけます。「そらの　くも」「いけの　みず」「いけの　さかな」から、「とり」「いぬ」「おにいちゃん」と進んで、コッコさんが着ている「ふとん」、ぬいぐるみの「くまさん」、コッコさん自身の「おてて」までが眠るころには、断固がんばっていたコッコさんも、すーっと眠りにすいこまれていきます。

数え上げられるそれぞれのものが眠っている様子を描いた絵は、どれもおだやかで美しく、犬小屋の前で丸くなって寝ている犬のそばに、コッコさんのであるらしい靴のかたっぽがあり、おわんには月が映っているのが、とりわけすてきです。月はおわんに映っているだけでなく、絵のあちこちに光をにじませており、あらためて見ると、ほかのどの場面にも月の光がしみとおっているのが

わかります。あらゆるものが安心しきったように眠っているのは、月の光がこうして包んでくれているからで、その月が、しんぼう強くコッコさんに語りかけてくれているのです。こんなに安心していられることがあるでしょうか。

養育者とのあいだに、ゆるぎない愛着関係を築くことができた子どもは、そこで培った信頼感を世界にむけ、さまざまなものと意欲的にかかわっていくことができます。お母さんが抱いてくれていなくても、コッコさんがすっかり安心していられるのは、お月さまも、ふとんも、くまさんも、みんながコッコさんを愛してくれていることを、ゆるぎなく信じているからです。だからこそ、「コッコは　ねむらないもん」と、駄々をこねたりもできるのです。お月さま相手に駄々をこねるなんて、まったくたいしたスケールですよね。一歳のユリナちゃんは、毎晩寝る前に必ず何冊か絵本を読んでもらいますが、しめくくりは絶対これで、眠くなってくると自分でこれを選びます。そして、「ねむらないもん」をいっしょにくり返しながら、すーっと眠ってしまいます。読んでくれるお母さんやおばあちゃんの声が、いつしかお月さまの声になり、世界じゅうの雲や水や魚や鳥や犬といっしょに、静かな月の光に抱かれて眠るのは、どんなに気持ちがいいことでしょう。

おかえりーっ

幼い子どもにはお母さんが何よりも大切な存在ですし、絵本の読み聞かせもお母さんがする場合が多いので、絵本のなかにもお母さんと子どものかかわりがいっぱい出てくるかと思うと、案外そうでもないことには、ちょっと驚かされます。でも、考えてみれば、お母さんとのかかわりは、絵本を読んでもらうこと自体のなかでちゃんと満たされているのであって、子どもはそこで獲得したゆるぎない愛着関係を安全基地に、外へ外へと探索の場を広げていくのが当然なのです。いかに愛着関係が大切だからといって、いつまでも絵本のなかにお母さんが登場して、子どもへの愛を訴えつづけたら、今度はそれが子どもをしばる足かせになりかねません。子どもがある程度大きくなったら、お母さんは絵本の外で港のように待っていて、主人公といっしょに冒険してきた子どもを出迎えるくらいでちょうどいいのです。そんな「待ち方」を教えてくれるのも、いい絵本の力だと思います。

みなさんは『ころころころ』(元永定正作)というふしぎな絵本をごぞんじでしょうか。以前私は、幼稚園の子どもたちとこの絵本を楽しんでいて、「待っているお母さんの力」を痛感させられたことがありました。まっ白な地に、いろんな色の小さな玉が八つ並んでいるだけの表紙をめくると、

「いろだま　ころころ」という言葉とともに、右にむいてパクッと開いた赤くて大きな口みたいなところから、小さな玉がいくつも転がりだしてきた様子が描かれています。次を開くと、とちゅうまでは平らですが、その先に階段があって、色玉はなんと転がりながら上っていきます。その次は階段を転がり落ち、それからも、「でこぼこみち」をよいしょ、よいしょという感じで転がったり、切り立った崖から落ちてはねたり、「あらしの　みち」で吹き飛ばされたり、「やまみち」を上って下りたりします。最後のページを開くと、また赤くて大きな口が、今度は左をむいて開いていて、色玉たちはそこに到着し、「しゅうてん」となります。

文章はほとんど「ころころころ」だけで、ところどころに「でこぼこみち」「さかみち」といった言葉が加わるくらいですが、色玉の動きを指でたどりながら、ゆっくり読んだり、弾むように読んだり、勢いをつけて読んだりしていけば、子どもたちはぐっと引きこまれ、大喜びで聞いてくれます。階段をえいやっ、えいやっと上ったり、でこぼこみちで足をとられそうになったりというのは、幼児の日常そのものですから、大人にとっては抽象画のような絵でも、子どもにはやすやすと感情移入でき、身につまされもする絵なのかもしれません。

そんな目で何度も読み返していると、「あらしのみち」や、上って下っての「やまみち」などは、まさに人生の波風を表しているようにも見えてきます。いまは小さい子どもたちも、これから波風の絶えない人生へと乗り出し、たくさんの山坂を越えていかなくてはならないのです。

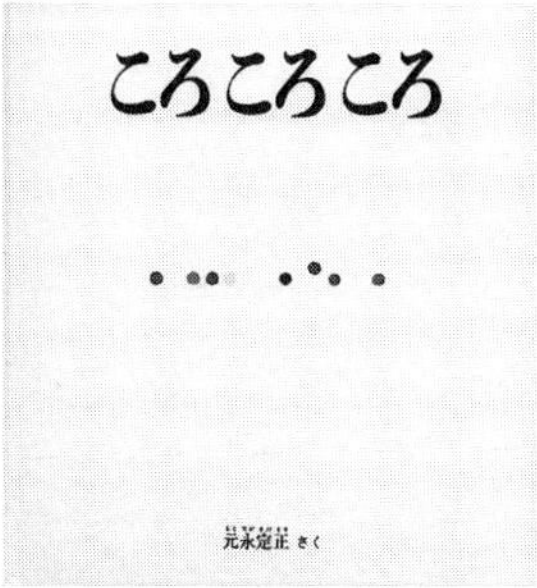

さて、四歳児たちにこの絵本を読み聞かせていたときのことです。いつも「しゅうてん」に来ると、子どもたちのあいだからは、きまって「もう一回読んで」の声が上がるのですが、そのときはちょっとちがいました。ジュンくんという男の子が、満面の笑みを浮かべて、「おかえりーっ」と言ったのです。その瞬間、なんとも言えない温かさがふわっと広がり、大きな安心感に包まれたことを、いまでもよく覚えています。「おかえりーっ」というのは、とてもすてきな言葉ですよね。ジュンくんは、いつも意欲的に遊ぶいきいきとした子どもでしたが、その背景に、「おかえりーっ」と迎えてもらえる日々のくらしがあるんだなあということを実感させられた出来事でした。

ある時期、子どもの自立心を育てるためには、泣いても抱いてあやしたりすべきではない、かわいがりすぎると自立できなくなる、という考え方が流行したことがありました。しかしいままでは、この考え方は大きなまちがいだったとわかっています。幼稚園でいろんな子どもたちを見ていると、なかなか自立できないのは、むしろ甘える機会が不足していて、自尊感情がしっかり育っていない子どもたちです。反対に、甘えるべきときにたっぷり甘え、愛されているというゆるぎない確信を得た子どもたちは、好奇心旺盛に新しいことに挑戦していきます。それは、たとえ大失敗をしでかし、まっ白なシャツを泥だらけにして帰っても、まずは「おかえりーっ」と温かく迎えてもらえることがちゃんとわかっているからです。

もちろんそのあとでは、叱られたり嘆かれたりもするでしょうが、まずはすべてを受け入れる「おかえりーっ」があるというのは、なんとすてきなことでしょう。

「おかえりーっ」は「いってらっしゃーい」とセットです。親としては、子どもがいったん自分のそばを離れたら、何が起こってもふしぎはないと、内心ハラハラドキドキかもしれません。でも、子どもが大きな安心感をばねにして飛び出していったら、親のほうも子どもを信じて、「いってらっしゃーい」と送り出すしかありません。本当の愛着関係というのは、いつもくっついていることではなくて、離れていてもちゃんとつながっていられるということです。そのつながりを信じていられればこそ、子どもは冒険のテリトリーを着実に広げていくことができるのです。

＊

離れてもつながっているということをみごとに実感させてくれる絵本として、『番ねずみのヤカちゃん』(ウィルバー作、大社玲子絵)を見てみましょう。ヤカちゃんというのは、あるおかあさんねずみの四ひきの子どもたちのうちの一ぴきで、ドドさんという人間の家の壁のすきまに住んでいました。子どもたちがいくらか大きくなったとき、おかあさんは子ねずみたちに、そろそろ「自分でたべものをみつけて、自分でくらしていってもいいころだ」と言い、その際に注意すべきことを教えます。それは、人間に気づかれないようにすること、ねずみとりやねこに気をつけることなどですが、「けっして音をたててはいけない」などという注意に対して、ほかの子ねずみたちはささやき声で答えるのに、ヤカちゃんだけは「うん、わかったよ、おかあさん」と思いっきりの大声なので、読み聞かせてもらう子どもたちは大喜びです。

ヤカちゃんの声の大きさときたら、ドドさんたちに「うちのかべの中に、ライオンがいるんじゃないか」と思われるほどです。だから「やかましやのヤカちゃん」なのですが、いつも先生に注意されてもすぐまたさわいでしまうような子どもたちにとって、自分とよく似たヤカちゃんが主人公というのは、とてもうれしいことなのにちがいありません。ともあれヤカちゃんは、おかあさんから、ねずみとりとはいかなるものか、ねことはいかなるものか、ちゃんと歌の形で教わってから出かけていきます。

さて、ドドさんの台所めざして出かけていったヤカちゃんは、居間の床に置かれた板切れの上にチーズがのっているのを見つけます。ヤカちゃんはすぐにかぶりつこうとしますが、「そのとき、なにかがキュッと、ヤカちゃんをひきとめ」「耳に、おかあさんの歌が」聞こえてきます。そしてヤカちゃんは、目の前の板切れの様子とその歌とを照らし合わせ、「そうかあ、これがねずみとりかあ！」とどなるのです。

そのあともヤカちゃんは、おかあさんの歌を思い出してねこを追い払い、最後には、ドドさんの家に押し入った泥棒を自分自身の考えで撃退して、ついには、番犬ならぬ番ねずみとして、ドドさんにチーズを支給してもらえる身分になります。やっかいな欠点と思われていたことが、特技として生かされるに至る痛快さは、子どもたちに大きな自信と希望を与えてくれますし、読み聞かせる大人にも、一人一人の子どもを柔軟に見守ることの大切さを思い出させてくれます。

それにしても、ヤカちゃんに危機を乗り越えさせてくれたのが「おかあさんの歌」の記憶だったというのは、とても意味深い、納得できることなのではないでしょうか。それどころか、まだ歌を思い出しもしないうちに、ヤカちゃんは「なにかがキュッと」自分を引き止めるのを感じ、チーズにかぶりつくのをやめているのです。その「なにか」こそ、離れていてもちゃんとつながっている愛着関係にほかなりません。それが危機一髪のヤカちゃんを救い、それどころか、「番ねずみ」として自分の力で生きていくことを可能にしてくれさえもしたのです。

*

『番ねずみのヤカちゃん』は創作された物語ですから、「世の中、そううまくはいかないよ」と言われてしまうかもしれません。でも、ヤカちゃんを地でいくような子ども時代をすごし、欠点と思われかねないことを生かして、すばらしい仕事をやりとげた人が、現実にもいることを、私たちは知っています。それは、『長くつ下のピッピ』や『やかまし村の子どもたち』『おもしろ荘の子どもたち』『エーミルと小さなイーダ』などを書いた、スウェーデンの作家、アストリッド・リンドグレーンです。

リンドグレーンは、スウェーデンの農村に生まれた自分の両親が、まだ少年少女のときに出会い、のちに再会して愛し合い、懸命に働いて結婚にこぎつけるまでのいきさつを語った「セーヴェーズトルプのサムエル-アウグストとフルトのハンナ」(『愛蔵版アルバム　アストリッド・リンドグレーン』ヤコブ・フォシェッル監修、石井登志子訳、岩波書店　所収)のなかで、自分の子ども時代のことを、こう語っています。

ふたつのことが、わたしたちの子ども時代を幸いなものにしたのです。安心と自由です。お互いに愛し合う両親がいてくれるのは安心でしたし、わたしたちが必要な時にはいつもいてくれました。けれども、危なくない限り、わたしたちをのびのびと、子ども時代のネースのわくわくする自然の中で遊びまわらせてくれたのは、うれしいことでした。もちろんわたしたちは礼儀作法を教えられ、その時代の教会の教えなどは身につけましたが、子どもたちの遊びに関してはすばらしく自由で、決して監視されるようなことはありませんでした。わたしたちは、遊んで遊んで遊びましたので、わたしたちが〝遊び死に〟しなかったのは、不思議なくらいでした。

「安心と自由」――この二つが、いいバランスで存在していることこそが、子どもがしっかりと育つために、なによりも必要なことなのではないでしょうか。子どもたちにそれを保障するためには、私たちみんなが、サムエル-アウグストやハンナのような、すてきな大人に育っていかなくてはなりません。それに際しておおいに頼りになるのが、優れた絵本であり、いっしょに絵本を楽しんでくれる子どもたちです。絵本の先には、それこそリンドグレーンなどの、力強くておもしろい児童文学の数々が待っていることもお忘れなく。

子どもの「ゆっくり」は中身がぎっしり

私たち大人は、いつも時間を気にしながらくらしていますから、時間というものがあることさえ忘れているような子どもたちの「ゆっくり」ぶりに、ついイライラさせられがちです。みんなが部屋にはいって次の活動をはじめようとしているのに、いつまでも園庭にすわりこんでいるヨッちゃん。「呼んでくるわぁ」とかいがいしく駆けていったエリちゃんとレイちゃんまでが、横に並んですわりこんでしまいました。先生がやれやれと思いながら行ってみると、三人がじっと見ていたのは、アリの行列でした。「あ、見て、こっちからも来た！」と、途中から行列にはいってきた集団を指さすヨッちゃん。呼びにいったはずの二人も、「わぁ、ほんとじゃあ」「見て、このアリなんか持っとるぅ」と、すっかり熱中しています。先生が声をかけると、ヨッちゃんはうれしそうに振り返って、「先生！　見て！　ここがはじまりでな……ここからまたつながってな、ここからもつながってな、ずーっといくと、裏山までいっとんよ！」と、誇らしげに説明してくれました。

みなさんは、子ども時代に時間の流れ方がとても遅かったという記憶をお持ちではないでしょうか。「今度の日曜日にね」と言われても、日曜日なんてはるか遠い先のことで、どうすればそんなに長く待てるだろうかと途方に暮れた記憶が私にはあります。子どもの時間があんなにおそろしくゆっくりなのは、ひょっとすると、五感に流れこんでくる情報のすべてを、取捨選択することなしに貪欲に吸収しているからではないでしょうか。特に二歳くらいまでの幼児の吸収力はすばらしく、身近な大人のすることを、動作のちょっとした癖まで含めて、みごとにまねてしまうほどです。三歳をすぎると、そこまでのことはなくなりますが、観察力は依然としてすばらしく、毎日通る道の小さな変化に大人は全然気づかないのに、「あっ、こんなになっとる！」と指摘してびっくりさせてくれたりします。

大人が細かいことに気づかないのは、よくわかっていることについては要点だけを拾ってすませ、ほかのことに頭を使っているからで、退化したと情けながる必要はないと思います。しかし、そんなふうに要領よく生きられるようになるまでには、五感を全開にしてありったけのことを吸収する時期が、ひとしきり必要です。そんな時期の子どもたちを「早く、早く」とせき立てたり、視覚と聴覚だけへの限られた情報しか与えてくれないアニメ映像の前にすわらせておいたりするのは、とんでもないことなのではないでしょうか。

＊

子どもの吸収力のすばらしさを、「ああ、こういうことなんだ」とわからせてくれる絵本に、『ふゆめがっしょうだん』(冨成忠夫・茂木透写真、長新太文)があります。これは、二人の写真家による写真に長新太が言葉をつけた科学絵本で、写されているのは、クルミ、ムクノキ、ウツギ、フジ、サンショウなどの木が、冬になって葉を落とし、春になったら伸びてくる冬芽をつけて、冬越しをしている姿です。でも、ドンとアップになった写真は、どう見てもふかふかした耳のウサギの顔だったり、おかしな冠をかぶった羊の顔だったり、もこっとした鼻のコアラの顔だったり……みんな、なんとユーモラスで個性的な顔たちなのでしょう。

じつは、顔のように見えるのは、うしろの見返しに載せられた解説によれば、落ちた葉っぱの柄がついていた場所なのだそうです。なるほど、顔を取り巻く部分は、見慣れた木の枝らしい色合いや質感ですが、輪郭のくっきりした顔の部分は、そこだけ白っぽかったり、逆に黒かったり、すべ

すべした感じだったり、まるっきり肌合いがちがっています。木の種類によって、それはお面のようだったり、縄文土偶の顔みたいだったり、毛皮に囲まれてそこだけつるんと赤いサルの顔みたいだったりします。なかには、毛糸の帽子と襟巻きのあいだからちょこっと見えている子どもの顔にそっくりで、とてもかわいいのもあります。

　顔みたいに見えるのは、その部分に左右の目と鼻、あるいは口に見えるものが、きまってついているからです。それは、葉に水や養分を送ったり、逆に光合成でできた養分を木のほうに送ったりしていた管の断面だそうで、目のような二本が水の管、鼻か口みたいなのが養分の管ということのようです。春を待って開く芽は、たいていの場合そのすぐ上についており、その形や色もまた多種多様です。耳に見えたり、トサカに見えたり、とんがり帽子や冠に見えたり、ああだこうだと言い合う楽しさも格別です。表紙には全部で二十四枚の写真が、合唱団よろしく三列になって居並んでおり、中身をしっかり楽しんでから見直すと、小さい写真でも「顔見知り」がちゃんと見分けられて、春を待つ木の芽たちの合唱に心が浮き立ってくることうけあいです。

　もちろんこの絵本は子どもが作ったわけではなく、目の利く大人の発見と思いつきから作られたものでしょう。しかし、たいていの大人は、身近にいくらでもある冬枯れの木にこんなに愉快な連中が勢ぞろいしていたなんて、言われなければ絶対気づきはしないでしょう。でも、幼い子どもにはこういう見方はおなじみで、「このこと」には気づいていなかったとしても、至るところで似たような発見をしていて、だからこそ何をするにも時間がかかり、いつだって「ゆっくり」なのです。大人になっても子どものようにものを見る目を保っていられるのは、詩人や画家などかぎられた人たちだけかもしれませんが、保育にかかわる大人や子どもを育てる大人は、いくらかでもその感覚を取りもどす必要があります。そのきっかけをつかむのにこんなに適した絵本は、そうそうは見つかりません。これを楽しんでから、雑木林や公園へ出かけていって、子どもと大人とどっちがたくさんの発見をするか、競いあってみてください。子どもの「ゆっくり」にどれほどぎっしり中身が詰まっているかが実感できて、そのペースに合わせることが苦にならなくなってくるかもしれません。

❀

子どものしていることのなかには、いったいなんのためにやっているのか、かいもくわからないことがあります。大人にわからないだけではなく、本人にだってよくわからないことがほとんどです。その感覚をなんとなくつかませてくれる絵本に、『あな』(谷川俊太郎作、和田誠画)があります。この絵本では見開きが縦に使われ、その上から三分の一くらいのところに地面の線があり、主人公のひろしは、最初そこにシャベルを持って立っています。ひろしはそのシャベルで土を掘りはじめ、次第に深くなる穴が下半分のページまでのびていきます。掘っていると、お母さんや妹、友だち、お父さんが次々に来て、何にするのかと聞いたり、仲間に入れてほしいと言ったりしますが、ひろしはなんの説明もせず、どんどん掘りつづけます。

しまいに穴は、お父さんの背丈よりも深いくらいになり、ひろしはシャベルといっしょにそのなかにすわりこみます。またみんなが来ていろいろ言いますが、あいかわらずひろしはなんの説明もしません。そのあいだに起こったことは、穴の壁からいもむしがのぞいて、また引き返していったことと、そこから見上げる空が「いつもより　もっと　あおく　もっと　たかく　おもえた」こと、そしてそこを一ぴきの蝶々がひらひらと横切っていったことだけです。そこまで読んで気がつくのは、この絵本の表紙が、

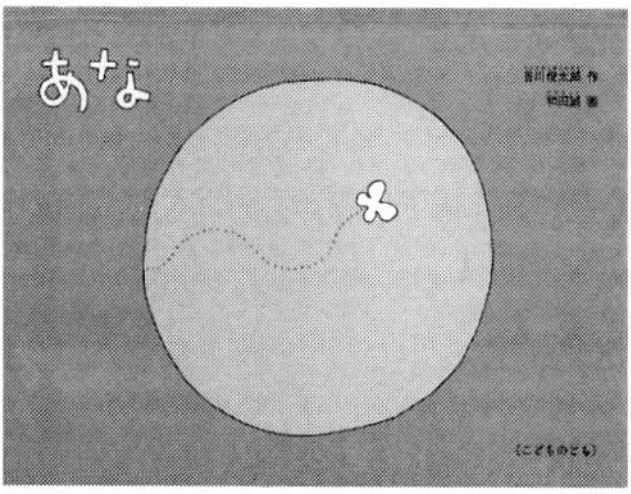

まさにその光景を下からながめたものになっていたことです。本文は最初から最後まで真横から見た断面図になっていて、ひろしの目から何がどう見えていたかは描かれていません。唯一それがわかるのがこの表紙の絵なんだと気がつくと、青い丸のなかに白い蝶々が描かれただけの絵が、急にふしぎなものに思えてきます。なんというか、自分が湿った土の壁に囲まれてしゃがみ、土の匂いをかぎながら、さわやかな風のなかで蝶々が舞う明るい外の世界をのぞいているような実感が湧いてくるのです。

この絵本における和田誠の絵は、単純化した輪郭線のなかを指定した色で

くまなく埋めていくイラスト的なもので、『コッコさんのかかし』や『おなかのすくさんぽ』の片山健の絵のように土の匂いがむんむんするものとは、およそ対照的です。にもかかわらず、この単純きわまりない表紙を見ながら、ふっと土の匂いや湿りけを感じてしまうのは、ここでひろしがやっている一見無意味な行動に、何か根源的な共感を感じさせるものがあるからではないでしょうか。

私の仲間の一人は、この絵本を見ると、幼稚園で積み木を取り出したあとの木箱を前にして、なんともおかしな考えにふけっていたことを思い出す、と言います。中身を出してふたをした箱のなかは、からっぽで真っ暗なはずですが、その人は、箱のなかにはいるのではなくそれを見てみたい、でも、すきまからのぞいたら光がはいって真っ暗ではなくなる、いったいどうしたら見えるんだろうと、真剣に考えていたのだそうです。もし先生がその子の様子に気づいていたら、いったいなぜそんなにボーッとしているんだろうと不審に思ったことでしょう。

でもその人は、それから何十年もたつというのに、いまだに意味不明なままのその時間のことを、ありありと覚えているのだそうです。それはやはり、自分にも理解できないその体験が、「その人」を作っていく上で、とても大きな意味を持っていたからではないでしょうか。石井桃子が幼いときの記憶を綴った『幼ものがたり』(福音館書店)には、小学校にあがったばかりのころ、雨が上がって不用になった傘をぶらさげての帰り道、ぶらぶら動く傘の先が、一瞬一瞬、「地球の向こうがわのどこを指しているかな」と考えていた、というエピソードが出てきますが、これなどもよく似ているような気がします。子どもの「ゆっくり」や、意味不明な行動のなかには、こんなふしぎな思索が詰まっていることだってあるのです。

やってみずにはいられない

ひろしはだれかが落ちたら大けがをしかねない穴を掘りましたが、ひとしきりそのなかにいただけで満足し、埋めもどしてしまったので、困ったことにはなりませんでした。でも、ひとつまちがえば、「なんといういたずらをするんだ！」と、かんかんになったお父さんに叱られていたかもしれません。子どものいたずらのなかには、「びっくりさせよう」「困らせてやろう」とねらってすることも、もちろんたくさんあります。でもたいていは、「あっ、おもしろそう！」と好奇心にかられたり、「ほんとにできるのかな？」と確かめてみたくなったり、「こうしたら、どうなるかな？」と実験してみたくなったりして、思わずやってしまったことなのです。たしかに、その結果がとんでもない迷惑につながったり、大きな危険を引き起こしたりすることもありますから、笑って見守るだけというわけにもいきませんが、厳しく叱ったり、禁止、禁止で縛りつけたりして、せっかくの創造的な発想や探求意欲の芽を摘んでしまっては、もったいないかぎりです。では、子どもの「いたずら」を、いったいどう受け止めていけばいいのか、絵本のなかにヒントを探っていくことにしましょう。

「いたずらっ子」と言えば、まず思い出されるのが『ひとまねこざる』です。この絵本の主人公である「おさるのじょーじ」が、「ひとまね」をしているわけではなく、Curious George、すなわち「好奇心でいっぱいなジョージ」なのだということは、第1章でもお話ししたとおりです。この絵本でジョージはいろんな騒ぎを引き起こしますが、それはどれも、動物園の外が見たい、大きなお鍋の中身が見たい、ペンキ塗りがやってみたいという好奇心からしでかしたことで、だれかを困らせてやろうと思ってやったことではありません。でも、結果を予測する力や、相手の立場に立ってみる力がそなわっていないために、「いたずら」になってしまうのです。

ジョージはまず動物園の番人のポケットから鍵を盗み、檻の外へ脱出します。バスを見て乗ってみたくなり、屋根の上に乗って町を見物します。それからレストランの台所にはいりこみ、そこらじゅうをスパゲッティーだらけにしてしまいます。でも、それを見つけたコックさんは、あまり叱らないで、台所の掃除と皿洗いをさせ、足も使って二枚のお皿をいっぺんにふく仕事ぶりを、「きみは、てが　4ほんも　あって、いいなあ」とほめてくれます。それどころか、その特技が生かせるからと、ビルの窓ガラスをふく仕事を紹介してくれさえしたのです。

そそりたつ高層ビルの窓をせっせとふくジョージの、なんとかっこいいこと！　どんなにしっかりした命綱があっても足がすくんでしまいそうな場所で、小さなジョージが平気のへいざと言いた

げに働く姿は、子どもたちをわくわくさせます。でも、「なかのひとが　なにをしていようと、きにしては　いけない」という約束を守りつづけるのは、とても無理な話でした。ペンキ屋の仕事ぶりに魅せられたジョージは、ペンキ屋たちが食事に出かけたるすの部屋にはいりこんで、壁や家具のカバーに絵を描き、部屋じゅうをジャングルにしてしまいます。見つかって追いかけられたジョージは、逃げる途中で足を折りますが、事件が新聞に出たおかげで昔の知り合いに再会し、映画に出演することになります。それも、社長室の大きなデスクで「けいやくしょに　さいん」してのことですから、たいしたものです。

最後のしめくくりは完成した映画の上映会。そこにジョージは、足を治してくれたお医者さんや看護婦さん、ペンキ屋さん、コックさん、動物園の番人など、これまでにかかわったすべての人たちを招待します。白衣のポケットに聴診器をつっこんだお医者さんを先頭に、みんながうれしそうにやってくる光景は圧巻です。部屋をジャングルにされて怒った女の人も、にこにこしながらやってきますし、ペンキ屋さんはペンキの缶を持ったまま、コックさんはおたまを持ったままなのが愉快です。とんだ迷惑をこうむった人たちも、もう怒ってはおらず、「あの」ジョージの晴れ姿を見ようと、うきうきした足どりで来てくれたのです。こんなにうれしい結末があるでしょうか。

このシーンには、幼い読者たちにとって、ほかにもいいことがあります。それは、行列している一人一人を見ることで、「この人とはこんなことがあった」「これは○○をしてくれた人だ」と、自然にこれまでのお話が反芻できるということです。「あれっ、こんな人、いたっけ」と思うと、それは足を折ったジョージが救急車で運ばれるとき、取材をしていた新聞記者だったりもします。ジョージがしでかすことが「いたずら」になってしまうのは、「後先を考えないから」ですが、おもしろいことにこの絵本は、「後先を考える」ことへと、自然に子どもたちをいざなってくれるものでもあるのです。

それにしても、この絵本に出てくる大人たち、とりわけコックさんのあっぱれなこと。失敗は子どもの自尊心をへこませますが、後始末をきちんとやり、そのことを認めてもらえれば、さっさと忘れたい「いやな体験」になりかねなかった出来事が、「いい体験」へと塗り替えられて、しっかり心に刻まれます。だからこそジョージはめざましく成長していき、お世話になった人たちみんなを映画に招待することを思いつくまでになれたのです。失敗ばかりの「いたずらっ子」だって、じきにこんなふうに成長できるという見通しが持てれば、いまはまだ自信のない子どもたちも、子どもに手を焼いている大人たちも、ずっと楽な気持ちになれるでしょう。大人と子どもがいっしょにこの絵本を楽しむことには、そんな効果も期待できそうです。

✻

「しでかしたことの後始末」がおもしろいのは、『どろんこハリー』（ジオン文、ブロイ・グレアム絵）です。お風呂の大きらいな犬のハリーは、庭に穴を掘ってブラシを埋め、外へ出ていって思う存分遊びます。工事現場で遊んだり、機関車が吐く黒い煙を浴びたり、ほかの犬たちと鬼ごっこをしたりしているうちに、「くろいぶちのある　しろいいぬ」だったはずが、「しろいぶちのある　くろいいぬ」になってしまいました。そこまでの遊びっぷりも、本当にいきいきとしていて楽しいのですが、ユニークな展開を見せるのはそこからです。ハリーは家に帰り、裏口の前にすわりますが、家のなかからその姿を見た飼い主一家は、「うらにわに　へんないぬが　いるよ。そういえば　うちのハリーは、いったい　どこへ　いったのかしら？」と言い、ハリーをハリーだと認めてくれないのです。

ここからの展開については、年齢によって、あるいは人によって、どう読むかがちがってくるのではないでしょうか。ハリーは「ぼくが　ハリーなんだよ」とわかってもらうために、ありったけの芸当をしますが、家族はみんな首をふって、「なんだか　ハリーみたいだけど、これは　ハリーじゃないよ」と言

います。これは途方もなく悲しい状況で、ハリーに感情移入した幼い子どもたちも、不安で胸がいっぱいになるでしょう。まっ黒になったくらいで、ハリーだとわからないなんて、あんまりだ、と憤慨する子もいるはずです。

まったくそのとおりで、こんなに温かそうな家族がハリーに気がつかないというのは、ちょっとへんではないでしょうか。そこで思い出されるのが、ミナリックのすてきな幼年童話『こぐまのくまくん』(ミナリック文、センダック絵)です。その第三話「くまくんのつきりょこう」で、くまくんはお母さんにむかって、「これから月へいくんだ」と宣言して遊びに出かけます。そして、「とてもちいさなおかの上の、とてもちいさな木」にのぼり、そこから目をつぶってとびます。着いたところは見慣れた場所ですが、くまくんは「月って、ちきゅうとおんなじみたいだなあ」「ここにも、ぼくのうちとそっくりのうちがあるよ」と、月世界探険ごっこをつづけます。家にはいるとお母さんが出てきて、「これはこれは、どちらさまでしょう? ちきゅうからいらした　くまさんですか?」と迎えてくれます。そんな取り決めはしていなかったのに、このお母さんは打てば響く呼吸で調子を合わせてくれたのです。くまくんもそれに合わせて、「ちきゅうからきたくま」の役を演じますが、お母さんに、うちのこぐまはちきゅうへ出かけたから、「かわりに、このおひるごはんを、めしあがれ」と言われて、「うそっこは、もうやめ」と、お母さんに抱きつきます。お母さんが「うそっこ」にみごとに応じてくれるのはうれしいけれど、「うちにも、こぐまが、ひとりいましてねえ」とまで言われると、ほんとに月へ来てしまったんじゃないだろうかと心細くなってくる気持ちはよくわかります。でも大丈夫、このすてきなかあさんぐまは、「おまえが、おかあさんのこぐまだってこと、おかあさん　ちゃあんとしってますからね」と、しっかり安心させてくれます。

ハリーの場合もじつはそうなんだと考えてみることはできないでしょうか。遊びほうけて帰りがすっかり遅くなり、息せききって「ただいまあ」とかけこんできた子どもにむかって、「○○ちゃんはどうしたのかしら?」「遅いねえ、もう待たずに食べようか」などとからかうというのは、昔はそう珍しくないたしなめ方のひとつでした。これをやられると、ほんとに透明人間になってるんじゃないかと心細かったものですが、考えてみれば、正面から叱るかわりにこんなユーモラスなたしなめ方ができたのも、根底にゆるぎない愛着関係が築かれていたからこそです。ハリーにしても、「本当の自分はちゃんと愛されているんだ」という自信に満ちているからこそ、掘り出したブラシをくわえておふろへと突進します。家族はあいかわらず、「このわんちゃん　おふろに　はいりたがっているのよ!」と「よその犬」扱いをつづけながらも、さっそくごしごしと洗ってくれて、「ハリーだ!　ハリーだ!　やっぱりハリーだ!」と大喜びしてくれます。幼い子どもにとっては、もちろん文字どおりに展開するお話ですが、成長するにつれてそんな見方もでき

るようになり、ちょっと冷たいんじゃないかと思っていた家族の大きな温かさを再確認できるというのも、この愉快な絵本の魅力のひとつではないでしょうか。

＊

ジョージやハリーの行状には、「やってみずにはいられなかったんだろうなあ」「つい夢中になったんだろうなあ」と笑っていられますが、それではすまされないのが『あくたれラルフ』(ガントス作、ルーベル絵)の主人公であるねこのラルフの、強烈なあくたれぶりです。ラルフはセイラという女の子のねこで、セイラはずいぶんいい家のお嬢さまらしく、家には豪華な家具調度がそろい、庭には噴水があり、バレエのおけいこをする部屋にさえシャンデリアがあるほどです。しかし、全身まっ赤に描かれたラルフは、華やかな背景のなかでもひときわ目立つ存在です。ラルフのあくたれぶりときたら、セイラの人形の首をちぎったり、ぶらんこの綱をくくってある枝をのこぎりで切ったり、パーティのテーブルに出ているクッキーを全部ひと口ずつかじったり、どう見ても「わざと」やっているとしか思えないことばかりです。

セイラはそれでもラルフが大好きですが、「ときどき　あんたを　かわいいと　おもえなくなるわ」と言ったり、「おとうさんが　きげんをわるくするようなことは、しないで　ほしいのに」と言ったりします。ラルフがあくたれなのとは対照的に、セイラはよほどのことでなければがまんを

し、自分の迷惑よりもお父さんの機嫌のほうを気にするような、「よい子」なのです。お父さんやお母さんもとてもおだやかな人たちで、お母さんはかわいがっている鳥をラルフが追いまわしても、「とても　かなしく」なるだけで叱りつけはしませんし、お父さんがひどく腹を立てたときの言葉も、「おい　ラルフ、すこしは　まともになれ」という、いたってやんわりしたものでした。

でも、一家そろってサーカス見物に行き、そこでラルフが大暴れして、サーカスをめちゃめちゃにしたときには、さすがのお父さんもついに爆発し、「あいつを　ここへ　おいていこう。サーカスにすむのが、やつには　ちょうど　おにあいなんだ」と決断を下します。セイラは涙をこぼしながら、でも口をへの字に結んで、ぐっとがまんして家へ帰ります。一方、サーカスに残ったラルフはいろんな仕事をさせられ、ナイフ投げの曲芸の的になるのを断ったら、「おい　わけぇの、ここじゃ、だれもがみんな　はたらくんだ」と、檻に放りこまれてしまいます。ろくに食べさせてもらえなくてやせたおかげで、ラルフは檻を抜けて逃げることに成功しますが、町の横丁で寝ていたら、夜中に「やくざのねこ」たちがやってきます。ラルフがいかにあくたれでも、「やくざのねこ」たちの大迫力にはとうてい太刀打ちできません。ごみのなかに隠れ、ねずみに足の指をかじられても音をたてずにがまんして、やっと朝を迎えましたが、そのときには「なまごみねつ」にかかって、すっかり気分が悪くなっていました。

うれしいことに、そこへセイラがさがしに来てくれました。セイラは「まあ　ラルフ、あたしいまでも　あんたが　だいすきなのよ！」と言い、ふたりはごみバケツの上にすわって抱き合います。家へ帰ると、お父さんとお母さんも大喜びでラルフを迎え、お父さんは「ラルフ、おまえがいなくて　さびしかったよ」と言ってくれます。叱ったり、これで懲りただろうと言ったりは、一切なしです。ラルフは快適な家があること、セイラみたいな友だちがいることを、心からうれしく思い、「もう2どと　あくたれは　しまい」と決心しますが、それからもついやってしまっている姿を見せて、このパワフルな絵本は幕をとじます。

この絵本を読んでもらう子どもの多くは、ラルフよりも「よい子」のセイラのほうに近いでしょう。赤ちゃんのうちはともかく、物心ついてからは、あくたれどころか、「やってみずにはいられないいたずら」さえもあまりしていない、という子も、いまでは少なくないはずです。お父さんやお母さんが何を求めているかに敏感で、はめをはずそうとしない子どもは、大人にとっては扱いやすく、申し分ないと思えるかもしれませんが、必ずしもそうとは言えません。うっかりするとそういう子どもは、「自分はどうしたいのか」が見出せず、思春期になって困ることになりかねませんし、「よい子」の枠からはみ出た人間に対して不寛容になってしまうかもしれません。

そんな子どもにとって、ラルフを大好きな友だちとして受け入れることは、とても大きな意味を持っています。大好きなラルフのすることなら、よほどのことでないかぎりがまんできるし、立派な大人である両親だってラルフの帰宅を大喜びで迎えている姿を見ることで、「よい子」の枠をはみだすまいという窮屈さも、ずいぶんほどけるのではないでしょうか。そう思って見直すと、セイラとラルフがごみバケツの上で抱き合っている姿は、ひときわ感動的に思えます。いまの「よい子」たちは清潔志向が強く、幼稚園や保育園へ来ても泥んこ遊びができなかったりしますが、大好きなラルフのためなら、セイラはごみ捨て場へ行くことだってできたのです。

大人にとっても、ラルフとつきあうことは、とてもいい経験になるはずです。最初は絵の派手さに抵抗を感じ、ラルフのあくたれのひどさに顔をしかめるかもしれませんが、石井桃子さんのすばらしい訳文の力に引きこまれて読んでいくと、次第にラルフのことが「かわいいとおもえる」ようになるでしょう。ひどいあくたれとはいっても、「やくざのねこ」の本格的な悪とは全然べつだということがわかるのも、このお話のうまいところです。「なまごみねつ」にかかって、ごみバケツをあさりながら、「ぼく　さびしい」と泣いているラルフを見たら、どんなに顔をしかめていた人も、ほろりとしてしまうこと、うけあいです。親子でこの絵本を楽しんだあるお家では、「もっとまともになれ」という言葉が流行し、親子関係のいい潤滑油になっているとのこと。いつでもラルフにむかって「あんたが　だいすき」と言える心の広さを持ちつづけていたいものです。

喧嘩も失敗も成長の糧

昔の子どもたちはよく喧嘩をしたものですが、いま、子どもの喧嘩はめっきり少なくなっているようです。「それはすばらしい」と言いたいところですが、そうとばかりは言い切れません。昔の子どもは幼いうちは腕白で、思春期に近づくにつれて落ち着いてきたのに対し、いまは逆に、幼いうちはおとなしく、思春期になって荒れはじめるケースが増えてきているのです。その最大の原因は、腕白ざかりであるはずの幼い子どもたちが、テレビやゲームなどの画面に釘付けになり、そこで心のエネルギーを使い果たしていることにあります。しかしそれでは、社会で生きていくために必要な人間関係の体験やさまざまな生活体験が大幅に不足し、要求されることのレベルが激変する思春期にさしかかると、自分のあまりの非力さを思い知らされ、立ちすくんだり自暴自棄になったりしやすいのです。幼いうちに仲間とぶつかったり折り合いをつけたりの経験を積んでいないと、異性関係をも含んで複雑さを増す思春期の人間関係には、とても対処していけません。その結果、陰湿ないじめが起こったり、お互いに臆病になって表面的なつきあいに終始したりという、若者らしからぬ状況に陥りがちなのです。

幼い子どもたちがおとなしいのは、家庭においても、幼稚園や保育園においても、「おとなしいのがよい子」「喧嘩はだめ」「いつもみんななかよく」としつけられがちなせいでもあるようです。子どもが集まればいざこざが起こるのは当然で、そのひとつひとつをいろんな形で乗り越えながら、「他人といっしょにやっていく」こつをつかんでいけばいいのであって、大人に課せられているのは、様子を注意深く見守りながら、子どもたちがその経験でよりよく成長していけるように、危険なことにはならないように、ほどよく手を貸すことではないでしょうか。ところが最近では、何かあったら即座に鎮めてしまおうとする場合が多いようで、そうせざるをえないのは、いまの子どもたちの親たち自身がすでに人間関係の体験に乏しく、子どもの喧嘩に過敏な反応をしがちだからだとも聞きます。まさに悪循環が起こっているわけで、この問題の深刻さを思い知らされます。

❋

そんな状況にいる子どもたちにも、大人たちにも、ぜひとも楽しんでほしいのが、『きみなんかだいきらいさ』(ユードリー文、センダック絵)です。「喧嘩はだめ」「みんななかよく」と言われつけている子どもたちは、この題を聞くと「えっ?」という顔になり、興味津々で聞いてくれます。とても小さなこの絵本の表紙には、「いーっだ!」と言いたげな顔でむかいあった、二人の男の子。「だいきらいって言ってるけど、きっとこの二人、なかよしなんだよ」「わかるわかる。私、お姉ちゃんのこと好きだけど、だいきらいなの」と、さっそく話しはじめる子どもたちもいました。

表紙につづいて、扉にも、本文にはいる前のカットにも、いがみあっている二人の姿が描かれています。でも、本文の第一ページは、とってもいい顔で肩を組み、頭をくっつけあって歩いている二人の絵で、そこには、「ジェームズと　ぼくは　いつも　なかよしだったよ」と書いてあります。ページをめくると、「でも　きょうは　ちがう。ジェームズなんか　だいきらいさ」とあり、二人は見開きの両端に別れて、背中を向けあっています。「ぼく」は、ジェームズのどこに腹が立つかを、次々に並べたてます。いばる、クレヨンを貸してくれない、いいシャベルをとる、砂を投げるなど、みんな幼稚園や保育園や小学校で起こりそうなことばかりです。「ぼく」は、もうジェームズなんかとは「ぜったい　ともだちに　なってやらないから」と宣言します。

ところが、それにつづいて、二人がなかよしだったときのことが次々に思い出されます。もっとも、最初のうちは、パーティによんでやった、クッキーをわけてやった、がまがえるのいるところもおしえてやったと、恩きせがましい調子ですが、やがてそれが「みずぼうそうにも　いっしょにかかったんだ」という思い出へと発展し、「だけど　もう、ジェームズと　いっしょに　みずぼうそうに　かかったり　するもんか」というおかしなやせ我慢で結ばれます。少し大きい子どもたちは、ここまで来ると笑いだしますが、それはこの言葉がナンセンスでおかしいからだけではなく、本当は仲直りしたい本心が見えて、ほっとするからでもあるでしょう。

このあと「ぼく」は、「ちょっと　いって　ジェームズを　つついてやろう」と思い立ち、ジェ

ームズの家をめざします。頭のなかでは、いやがらせのアイディアや言ってやりたい悪口が渦を巻いていますが、雨のふるなか、わざわざ長靴をはき、傘をさして出かける姿には、ほんとは会いたい気持ちが見え見えです。とりわけおもしろいのは、すごい顔つきで乗りこんでいく「ぼく」を迎えるジェームズが、いたっておだやかな、お人好しそうな顔をしていることです。その直前に、「がっこうじゅうで　いちばん　えらいのは　ぼくだぞって、そう　おもうのに　きまってるからさ」などとののしる言葉が書かれているので、読者もつい態度のでかい子どもが出てくることを期待してしまうのですが、じっさいのジェームズは全然そんなふうには見えません。このイメージの落差については、言葉では何も説明されてはいませんが、何度も読み返すうちに「あれっ」と思えば、「怒ってるときには相手がひどく悪いやつに思えるけれど、じっさいはそうでもないのかもしれない」と気づくきっかけにもなりうるでしょう。

　さて、ここまで来ればあとはかんたん。「ぼく」が腹立ちをぶつけると、ジェームズも負けずに言い返し、「ぜっこうだ！」「さいならあ！」とどなりあいますが、背中をむけあってちょっと歩きだしたところで振り返り、「ねえ、ジェームズ！」と声をかけるのはぼくのほうです。「ローラー・スケート　やらない？」という提案で二人はあっさり仲直り。うまい具合に雨もあがり、二人は一足のローラー・スケートを分け合ってはき、残る片足を意気揚々とあげ、お互いの身体で身を支えながら、心配していた読者なんかそっちのけで、うれしそうに滑っていきます。

この絵本にはいろんな年齢の子どもを引きつける力があります。ある幼稚園の四歳児クラスでこれを読んだら、「こういうときがあるんだよなあ」と呟いた子がいたとのこと。いつもは乱暴で落ち着きのない子もじっと聞き入りますし、何度も読んでほしがる子もいます。それは、この絵本の内容が、子どもにとって「身につまされる」ものだからにちがいありません。「だいきらい」と言われても、本当に嫌われているわけじゃなくて、相手も仲直りしたがっているんだと気づけることで、子どもたちはおおいに勇気づけられます。仲直りがむずかしいのは、自尊心との折り合いがつけにくいからですが、この絵本でイメージトレーニングをしていれば、そんなときの切り抜け方のこつもおのずから身につくでしょう。何度もこの絵本を読んでもらった子どもたちは、「きみなんか、きみなんか、だーいすきだよっ」と言いあって笑ったりもしているとのこと。「怒」や「哀」も否定しないでしっかり受け入れ、自分のものとして飼い馴らしてこそ、喜怒哀楽の豊かな魅力的な人間に育っていけるんだなと、再認識させられます。

「だいきらい」というのは、「そんなことは言ってはだめ」と大人に否定されがちな言葉です。「よい子」であろうとする子は、そんな感情を持つこと自体に罪悪感を覚えてしまうかもしれません。幸か不幸か、テレビ、ゲームなどのメディアには、怒りや妬み、欲求不満などの感情を忘れさせる効果があるので、嫌な感情に襲われそうになるたびにメディアに逃げていれば、とりあえずは「いつもおとなしい、よい子」でいられます。しかしそれでは、自分の感情と格闘して前向きに抜け出すスキルも育たないし、気まずくなった相手と仲直りするスキルも身につきません。幼いうちはそれですんでも、思春期になって「いざこざ」のレベルが深刻になり、メディアに逃げていては解決できなくなったとき、スキルがなければ爆発するしかありません。あるいは、何があろうとただやりすごし、「いざこざ」を避けて小さくなって生きるかです。じっさい、このところ園や学校の先生たちから、喜怒哀楽の乏しい保護者が増えた、無表情でやってきて無表情のまま帰っていく人も珍しくない、などと、よく聞かされるようになりました。大人がそんなふうだと、子どもだって小さくなるしかありません。身体じゅうで感情を表現している絵本のなかの子どもたちを見習って、大人も「心の動かし方」のおさらいをする必要がありそうです。

❀

「こんなこと言って、いいんだろうか」と、まじめな大人がたじろぎそうな絵本に、もう一冊、ロシアの昔話の絵本『ねことおんどり』(内田莉莎子文、小野かおる絵)があります。これは、飼い主のおばあさんに叱られて家出をしたねことおんどりが、森のなかに小屋をたててくらしはじめたものの、軽はずみなおんどりが何度もきつねの挑発に乗ってさらわれ、そのたびにねこに助けられるというお話です。類話によっては、三回目には助けを呼んでもねこには聞こえず、それでおんどりは一巻の終わり、というものもありますが、内田莉莎子が選んだこの類話はもっと温かく、三回目にはおんどりはきつねの家まで連れ去られるものの、旅の楽士に化けてやってきたねこに救われ、そろっておばあさんの家にもどります。

この絵本の何よりの魅力は、きつねの挑発に乗ったおんどりが、全部で七回もくりかえす歌にあります。おんどりはねこから、きつねに気をつけるようにと注意されていたのですが、ねこの留守を狙ってやってきたきつねに歌がうるさいという悪口歌を歌われ、「こっこっこう　こけこっこう／ひとのことなんぞ　しるもんか／うたいたいときゃ　うたうんだ／おまえのことなんぞ　しるもんか」と歌い返します。そして、二度目にはつい窓から顔を出し、まんまとさらわれてしまうのです。きまじめな大人は、「ひとのことなんぞ　しるもんか」という自分勝手ぶりに呆れ、「そんなことを言っているから、きつねにさらわれるんですよ」と子どもをいましめたくなるでしょうが、あいにくなことに、この絵本を読んでもらった子どもたちをわしづかみにするのは、「自分勝手で何が悪い」と開き直った、このとんでもない歌なのです。

たとえばある保育園でこれを読み聞かせたところ、いつもは絵本に無関心なやんちゃ坊主二人が珍しく興味を示し、おんどりの歌をすぐに覚え、翌日には自分から絵本を手にしていたそうです。数日後、先生が何気なく「こっこっこう」と唱えはじめると、すかさずその子たちが「うたいたい

ときゃ　うたうんだ」とあとをつづけ、次々に登園してくる子どもたちをも巻きこんで、あっという間に歌合戦に発展していったとのこと。おもしろいのは、遊びをリードしていた五歳児たちがおんどり役になりたがり、まだお話がじゅうぶんにはわかっていない三歳児たちに、「おまえたちはきつねになれ」と役を振りあてたということです。何度注意されても失敗をくりかえすおんどりは、ちょっと幼い感じで、かっこいい役とはとても言えませんが、「ひとのことなんぞ　しるもんか」と思いっきり歌えるのなら、ちびさんたちにさらわれていく屈辱もなんのそのだったわけです。

「ひとのことなんぞ　しるもんか」に心を奪われるのは、叱られてばかりのやんちゃ坊主たちだけではありません。ある小学校の一年生のクラスでは、逆に、とりわけまじめな優等生タイプの子どもたちが、いつにない反応を見せてくれたのだそうです。ふだんは本の感想など言いにこない男の子が、おもしろかったと言いに来て、自分ならどうやってきつねを追い返すかを、熱心に話してくれたそうで、いつもよりずっといきいきしたいたずらっぽい目つきが、とても印象的だったとのこと。さらにそのあと、その男の子と、もう一人の優等生タイプの女の子が、そうじをしながら冗談まじりにからかいあいをはじめたので、絵本を読み聞かせた先生はとても驚かされたそうです。

優等生タイプの子どもは、大人の期待に応えようとして自分を窮屈な

枠に押しこみ、そこからはみだすことを恐れて臆病になりがちですが、そんな子どもたちにとって、何度も失敗をくりかえすおんどりが、ねこにもおばあさんにも温かく受け入れられているというのは、肩の荷をすっと楽にしてくれるうれしい発見だったのではないでしょうか。なにしろ、「ひとのことなんぞ　しるもんか」という衝撃的な歌を、先生までが楽しげに唱えているのですから。

しかし、本当に自分勝手でいいと思うようになったら困るじゃないか、とお思いの方もいらっしゃるかもしれません。でも、ご心配なく。「こうしなさい」「こうしてはいけません」などという注意は、なかなか「自分のもの」にはなりませんが、ひとしきり「おんどりごっこ」を堪能すれば、子どもは自分自身の判断でそこから脱却し、次のステップに進んでいきます。保育園でおんどりときつねの歌合戦がはじまったとき、お話の終盤にならないと歌う機会のないねこは、だれにも演じてもらえませんでしたが、しばらくするうちに、おんどりをやっていたやんちゃ坊主の一人が、「おれ、今度、ねこやる」と言い出したそうです。おんどりになって思いっきり発散するのも楽しかったけれど、頼もしいねこのほうがかっこいいぞ、ということに、自然と気がついたからでしょう。お話のなかにはいりこみ、共感できる主人公といっしょに失敗や問題解決をくぐり抜けることには、そんな効果もありうるのです。

ただしそれには、お話を存分に堪能することが必要です。その意味で、内田莉莎子が日本の子どもたちにこの昔話を紹介するとき、「だから言わんこっちゃない」というシビアな結末のものではなく、うれしい終わり方のものを選んだのは、大正解だったと思います。それにさらに喜びを添えてくれたのが、小野かおるの絵です。ねこがおんどりをかかえておばあさんの家へ帰る場面は、「おばあさんは、それは　それは　よろこびました」と、あっさり結ばれていますが、絵本にはさらにもう一ページ、絵だけで語るすてきな場面が付け足されています。そこでは、頼もしい活躍ぶりだった兄貴分のねこが、おばあさんの腕に抱かれ、ほっとしたように目をつぶっています。一方、やんちゃ坊主のおんどりは、小さい子がするようにおばあさんのスカートの裾をくわえ、くりっとした目で上目づかいにおばあさんを見上げています。そしておばあさんも、抱いているねこの頭越しに、おんどりのその目をのぞきこんでいるのです。とちゅうではずいぶん怖いこともありますが、最後のこの場面には、申し分のない温かさと満足感が詰まっています。これがあるからこそ、子どもたちは何度も何度もおんどりになり、そのうちにはねこになり、体験を重ねて成長していくことができるのではないでしょうか。

絵本でできる「特別な支援」

ある幼稚園で絵本についてのお話をしたとき、「特別支援の必要な子どもたちに、どんな絵本を読んであげればいいでしょうか」というご質問がありました。たしかに、いま、幼稚園や保育園や小学校には、「みんなといっしょ」がちょっと苦手で、特別な支援を必要としている子どもたちが、めずらしくありません。みんなが絵本を読んでもらって楽しんでいるときにも、一人だけほかのことをして遊んでいたり、お気に入りの絵本はあるけれど、いつもそれ専門で、ほかのものにはちっとも興味を持ってくれなかったり……。

そんな子どもたちの話を聞くと、私はいつも、『ひとまねこざる』や、『番ねずみのヤカちゃん』や、『時計つくりのジョニー』(アーディゾーニ作)のことを思い出します。ジョージやヤカちゃんは、好奇心いっぱいでじっとしていられない子ども、注意されたことがしばしば頭からすっぽ抜けてしまう子どもでした。ジョニーは、自分の手で大時計を作りたいという思いつきを追いつづけ、親にも先生にも友だちにも相手にされずに一人ぼっちになっても、みんなに合わせようなどとは思いつきもしないような子どもでした。でも、そんな子どもたちが、自分なりの道筋、自分ならではの歩き方で、いきいきと花開くにいたるまでを、これらの絵本はしっかりと見せてくれます。

「みんなといっしょ」がうまくいかないのは、ひょっとするとこんなふうに、とびっきりの大物だからかもしれません。「ちょっとこまるな」と思われている子どもたち自身ではなく、まずはその子のまわりにいる大人たちや子どもたちが、こうした絵本に親しんでみてはどうでしょう。「ヤカちゃんみたい」「ジョニーみたい」と思って見れば、その子の見え方もがらりとちがってくるはずですし、だれのなかにも少しはひそんでいるジョージ的、ヤカちゃん的、ジョニー的な部分が、コミュニケーションの回路を開いてくれることも期待できます。
そんな絵本を「みんな」に読み聞かせているとき、一人だけべつのことをしている子どもが、全然聞いていないかというと、そんなことはないということも、ぜひ知っておいていただきたいと思います。知らん顔をしてそっぽをむいていたのに、あとでお話のなかの言葉を唱えながら遊んでいたり、何か作りはじめたと思ったら、お話に出てくるものだったりということが、気をつけていると、思いのほかよくあるのです。

小学校で物語を朗読していても、うしろで騒いで聞いていないのかと思っていた子どもたちが、手に汗を握る展開になったとたんに、急に最前列にわりこんでくるといった例がよくあります。それまでのお話を聞いていなければ、「さあ、いよいよおもしろくなるぞ」とわかるはずはありません。聞いていないかに見えて、じつは聞いているのが子どもなのです。ですから、「聞いてくれない」とあきらめないで、聞いてくれる子どもたちを「サクラ」にして、「聞いてくれない」子どもたちに届けたいお話を——もちろん、みんなにもしっかり楽しめるお話を、せっせと読んであげてください。

「みんなといっしょ」が苦手な子どもたちのなかにも、そのことを気にかけずに自分の関心に没頭している子どももいれば、そっぽをむいているようで、じつは、そんな自分から脱皮したいとひそかに夢見ている子どももいます。

ある保育園の四歳児ワタルくんは、みんなといっしょに何かをするのが苦手で、姿を消したと思うと、事務室の前に置かれた水槽にへばりついていることがよくありました。その水槽には、オタマジャクシが入れられていました。ある日、例によって水槽を見にいっていたワタルくんが、先生のところへやってきて、「オタマジャクシがな、カエルに変身しとった。あっち」と言いました。先生は、これが終わったらいっしょに見てほしいんだなとはわかりましたが、ちょうどリズム遊びのさいちゅうだったので、いっしょに見てほしいんだなとはわかりましたが、ちょうどリズム遊びのさいちゅうだったので、いっしょに見ようと約束しました。するとワタルくんは、いつもならリズム遊びには参加しないのに、カエルのリズムのところで、「ケロ、ケロ」と言いながら、はねまわりはじめました。

リズム遊びが終わって、先生が約束どおりいっしょに水槽を見にいくと、なるほど、オタマジャクシには手足が出て、しっぽが少し残っている状態でした。先生が、「ほんま、カエルに変身しとるな」と言うと、ワタルくんは、「カエルはな、トカゲに変身するんよ」と言いました。先生が、「なるほど、たしかにトカゲに変身しそうじゃな」と認め、何の気なしに「ワタルくんは何に変身するん?」と聞くと、ワタルくんは黙ってしまいました。それから、小さい声で、「……ほし」とつぶやきました。

とまどった先生が、「えっ、空の星?」と聞くと、ワタルくんは首を横にふり、さっきよりははっきり「ほし」と言いました。そのときやっと先生は、ワタルくんが言っているのが、五歳児クラスである星組のことだと気づき、「そうか、そうよな、星組に変身するんよな」と答えると同時に、ワタルくんのなかに、「大きくなりたい」という強い願いと、「でも、ほんとに大きくなれるんだろうか」という不安とがひそんでいることに気がつきました。このまま育っていけば大丈夫という自信が持てないぶん、「変身」するオタマジャクシが、ワタルくんの心を強くとらえたのにちがいありません。

それに気づいた先生は、手元にあった古い「のはらうたカレンダー」から、オタマジャクシを描いた「しっぽバイバイ」という詩を探し出し、クラスの壁にはってみました。「のはらうたカレンダー」というのは、工藤直子の詩集シリーズ『のはらうた』から選んだ詩を、保手浜孝が絵と詩をうまく組み合わせた版画にして作ったカレンダーで、「しっぽバイバイ」というのは、しっぽと別れるさびしさと成長することの喜びとのあいだで揺れる気持ちを、しっぽの揺れと重ねて歌ったすてきな詩です。ちなみにこのカレンダーの絵は、それを集めて本にした『版画 のはらうたⅢ』に収められています。

「しっぽバイバイ」は、みごとに功を奏しました。先生がそれを壁にはり、興味を持つ子がいるたびに読み聞かせていると、やがてワタルくんがすりよってきて、「あれ、ぼくのためにはってくれたん?」と言ったのです。「ぼくのために」などと、相手の気持ちを推し量るような言葉をワタルくんから聞けるとは思ってもいなかった先生は、心底びっくりしました。変身への強い願いをオタマジャクシに重ねていたからこそ、変身中のオタマジャクシのいきいきとした絵

を添えた詩は、すっとワタルくんのなかにはいりこみ、その詩によってワタルくんの変身を応援しようとした先生の気持ちまでも、ちゃんと汲み取らせてくれたのでしょう。このあとワタルくんは、語り草になるようなエピソードをいくつも残しながら、見違えるほどたくましく成長していってくれました。

　ワタルくんの場合は、「しっぽバイバイ」の詩でしたが、絵本には、『しょうぼうじどうしゃじぷた』(渡辺茂男作、山本忠敬絵)、『ラチとらいおん』(マレーク文・絵)、『時計つくりのジョニー』などなど、変身したいという子どもの願いをしっかり受け止めてくれるものがたくさんあります。どれも、とりわけ変身を求めている子どもたちばかりでなく、どんな子どもにもうれしい絵本ですから、「みんな」にサクラになってもらって、そっぽをむいている子どもにも届くように読んであげてください。

＊

「みんな」のテンポについていきにくい子どものなかには、「これをして、その次にあれをして」という段取りがつかめない子どもも、少なからずいます。大人は「たいしてむずかしいことじゃないのに」と思いがちですが、それは、『ふゆめがっしょうだん』のところでも言ったように、子どものゆっくりは中身がぎっしりだということを、忘れてしまっているからです。

飛びこんでくる情報が膨大だと、そのなかから要点を選び出すのはたいへんです。段取りがつかみにくい子どもは、ひょっとすると、五感で受け止めている情報がとりわけ多いのかもしれません。そんな子どもには、なんでもない一日のくらしを描いた絵本が、とてもいい助けになります。たとえば『せきたんやのくまさん』（ウォージントン作・絵）、『スモールさんはおとうさん』（レンスキー文・絵）、『かばくん』などは、何か問題が起こってハラハラさせて解決、などということは何もなく、ただ淡々と進んでいくので、大人には最初、ちょっと物足りなく見えたりもするのですが、「あたりまえの一日をあたりまえにすごす」ということ自体が大冒険である段階の子どもには、それでじゅうぶんおもしろいし、大きな助けになるようです。

「なるほどなあ」と思って見ていれば、大人にだって、「あたりまえの一日」の味わい深さがわかってきます。『せきたんやのくまさん』など、子どもといっしょに楽しんだ経験のない人は、きま

って「これのどこが……？」とあきれかえりますが、だまされたと思って、一度ゆっくりとくまさんの一日につきあってみてください。いつもうしろからせき立てられているような感覚が、ふっとやわらぐかもしれませんよ。

✽

「一日の生活」の手触りを必要としているのは、見通しの立ちにくい子どもばかりではありません。人一倍好奇心旺盛で、たえず新しい発見や刺激を求めて動きまわっているような子どもたちにも、豊かな生活体験を与えてくれるような絵本は、思いのほか大きな意味を持ちます。

トモキくんは、『ひとまねこざる』のジョージそっくりで、がまんすることが苦手。友だちと喧嘩になってしまうこともしょっちゅうです。お母さんはそんなトモキくんに、いろんな絵本を読み聞かせていましたが、最近、親子そろってすっかりはまってしまったのが、『もりのこびとたち』（ベスコフ作・絵）でした。これは、お父さんとお母さんと四人の子どもたちから成るこびとの一家の、森のなかでの生活を描いた絵本です。子どもたちは、リスとかくれんぼをしたり、コウモリに乗って飛んでみたりと、楽しく遊ぶだけでなく、冬ごもりに備えて身体より大きいキノコを収穫してきたり、ワタスゲの実を集めてきたりと、仕事にも精を出しています。キノコは小さく裂いてひもに通して乾かし、ワタスゲはお母さんが糸に紡いで、それでセーターを編んでくれるのです。お父さんが悪い蛇を退治する様子をかげから見ていた子どもたちは、さっそくアリを相手に戦うおけいこをはじめます。冬には、あかあかと燃える火のそばで、お父さんがいろんなお話をしてくれます。

それにしても、こびとたちの一年のくらしをたどっただけで、大きな事件などはないこの物語の、何がいったいトモキくんの心をとらえたのでしょう。お母さんは最初不思議に思いましたが、やがて、描かれているこびとの子どもたちの言動が、トモキくんそっくりであることに気がつきました。それと同時に、都会の家のなかでのくらしだと動きすぎのように思えるふるまいが、自然のなかで遊びと労働を一度にやっているようなくらしなら、ごくあたりまえであることにも気がついたのです。自然環境に比べてはるかに単調で、試してみられることの少ない環境のなかで、トモキくんは、「なんでもかんでも体験してみたい」という欲求を持てあましていたのでした。

そんな子どもたちに何よりも必要なのは、もちろん豊かな実体験です。でも、都会ぐらしでなかなかそんな機会がないときに、大きな威力を発揮するのが、毎日がおもしろい発見でいっぱいなくらしを描いた、『もりのこびとたち』のような絵本なのではないでしょうか。おなじような力がありそうな

ものとしては、『サラダとまほうのおみせ』をはじめとする「やなぎむらのおはなし」シリーズ(ストーン作)や、『たんじょうび』(フィッシャー文・絵)、『こねこのぴっち』(フィッシャー文・絵)、『ウルスリのすず』『コッコさんのかかし』などが、すぐに思い出されます。

発見や刺激を強く求めている子どもたちは、絵のなかにたくさんの情報が盛りこまれた絵本に心を奪われがちで、そんな需要に応えるために、へんてこなものが「なんでもあり」的にどんどん出てくるような絵本も、世のなかにあふれています。たしかにそういうものでも、子どもたちの「飢え」は満たされますが、『もりのこびとたち』のようなものは、単に「飢え」を満たすだけでなく、生きる力の基礎になるようなものをちゃんと手渡してくれますし、大きな満足感も与えてくれます。「いまのくらしとちがいすぎる」と敬遠するのではなく、むしろ「いまのくらしとちがう」からこそ、こうした絵本をもっと活用してほしいものです。

＊

子どもの心にぴたりと寄り添う力を持った絵本は、「みんなといっしょ」が苦手な子どもの心にも魔法のようにはいりこんで、「みんな」とのコミュニケーションの回路を開いてくれることがあります。

ある幼稚園の五歳児のケイタくんは、みんなといっしょに行動するのが苦手で、自分だけのコーナーで乗り物の図鑑を見ていることの多い子どもでした。先生は、ケイタくんのこだわりをみんなの遊びに生かすように工夫し、そのかいあって、子どもたちのなかにもケイタくんのよき理解者が少しずつ育ってきました。そんなある日、先生はレンスキーの『ちいさいきかんしゃ』(レンスキー文・絵)を、みんなに読み聞かせてみることにしました。これは、蒸気機関車を走らせるのが仕事のスモールさんを主人公に、機関車はどうやって走るかなどをていねいに見せてくれる絵本で、ケイタくんにはもちろんのこと、ほかの子どもたちにもおもしろいだろうと思ったからです。

この絵本には、線路が扇形に並んだ機関庫を描いた場面があります。ケイタくんはこれにとりわけ興味をひかれたようで、絵本を読み聞かせた翌日、廊下でのカプラ遊びのときに、黙々と機関庫を作りはじめました。絵を見ながらではなく、記憶を頼りに作ったのですが、その出来ばえはなかなかたいしたものでした。廊下ですから、ひとしきり遊んだら片づけなくてはならなかったのですが、ケイタくんの機関庫のみごとさに感心した先生は、全員にむかって、「残しときたいものがあったら、残しといてもいいよ」と伝えました。すると案の定ケイタくんは、これは一大事とばかり、「こわさないで! こわさないで!」と大声をあげて走りまわりはじめました。

すると、すでに文字の書ける一人の男の子が、紙に「こ わ さ な い で」と書いて持ってきてくれました。それを見た女の子の一人が、ケイタくんの好きな新幹線の絵を描き足し、ケイタくんも自分のトレードマークの動物の絵を描いて、三人合作の注意書きができあがり、機関庫の上に置かれました。こんなにすてきなことが起こったのは、子どもたちみんなが『ちいさいきかんしゃ』の世界を共有していたからこそです。だからこそ、ケイタくんの機関庫のみごとさがほかの子どもたちにもわかり、こわされたくないという気持ちに共感し、それを支援する動きが、自然に生まれてきたのです。

絵本にはこんなふうに、子どもたちの仲立ちになったり、元気づけたり、世界を理解する助けになったりと、いろんな働きがあります。そうした働きは、「特別支援が必要」とされる子どもたちだけでなく、すべての子どもたちが、大なり小なり必要としているものです。考えてみれば、支援のいらない子どもなんて一人もいないし、その一人一人が、自分のための「特別な」支援、「特別な」心遣いを必要としています。幼い子どものための物語や絵本は、まさにそうした支援のためにこそ存在するのであって、それを活用しない手はありません。

＊

知り合いのあるお母さんから、一年生の娘が夏休みまではちゃんと学校へ行っていたのに、二学期になったら行きたがらなくなってしまった、ということで、相談を受けました。朝、どう声をかけたらいいのかしら、という相談だったのですが、私は、それよりも夜寝る前に絵本を読み聞かせて、明るい気持ちで眠れるようにしてあげてくださいとアドバイスしました。そのお家では、それまで絵本を読み聞かせるという習慣がなく、何を選べばいいかもわからないということだったので、ついでに『あくたれラルフ』『ねことおんどり』『番ねずみのヤカちゃん』の三冊を選んで、プレゼントしました。

そのお母さんは、「小学生に絵本?」とためらいながらも、読み聞かせをはじめましたが、その効果は予想以上でした。沈んでいた娘さんの顔がみるみる明るくなり、いくらもしないうちに学校へ行きはじめたというのです。そればかりか、以前は友だちの欠点を話題にすることが多かったのに、最近は「○○ちゃんって、こんないいところがあるんだよ」などと言うことが増えたのだとか。アドバイスした私自身も驚いたほどのこの効果の秘密は、いったいなんだったのでしょうか。

小学校に進むと、子どもはいろんな意味で「きちんとする」ことを要求され、それに応えようとしてへとへとになってしまいがちです。たぶんその娘さんは、「きちんとしなくちゃ」という気持ちが人一倍強く、それだけに、きちんとできない友だちのことも気になってしかたがなかったのでしょう。ところが、私が選んだ三冊の主人公たちは、みんな「きちんとする」ことが苦手で、トラブルを引き起こしてばかりなのに、ちゃんと愛されているし、ヤカちゃんに至っては「欠点を転じて福となす」ことに成功していさえします。そんな絵本を、お母さんといっしょに楽しみ、いっしょに笑うことで、「そんなにきちんとできなくたって大丈夫」と、親も子も気持ちがほぐれたのではないでしょうか。

絵本や物語は「こうしなさい」「こうしてはいけません」などと教えるかわりに、いろんな失敗やまわり道を経てハッピーエンドに至る多種多様なプロセスを、知らず知らずのうちに蓄積させてくれます。成長していくなかで、子どもはいろんな問題にぶつかりますが、そんなとき、豊かな腐葉土のようなその蓄えが、どれほど大きな力になることでしょう。そんな底力を養っていくためにも、子どもたちとの絵本の時間をたっぷり楽しんでいただけたらと思います。

絵本選びと読み聞かせのために　コラム1

絵本選びのための七つの手がかり

(1)「かわいい」「きれい」で選ぶ前に、お話に親しむための時間をかけよう

絵本の絵は、お話を理解することを助け、想像力が働くための核になってくれるものであることがいちばんです。はじめはそっけなく思えた絵が、お話に親しむうちにいきいきとして見えるようになり、愛着がわいてきた、という経験はありませんか。それとは逆に、「かわいい」「きれい」と思って飛びついたけれど、お話がつまらなくて本棚に眠ってしまう、ということもよくあります。

「かわいい」「きれい」だけで選ばないで、まずは時間をかけておつきあいしてみるのが得策です。図書館で借りて読んでみて、気に入ったら買う、というのも、いいやり方ですね。もちろん、「かわいさ」や「きれいさ」もとびきりで、お話としてもすばらしいものだってあります。

(2) 子どもが求めているのは、大きくなること

大人から見ると、幼い子どもはかわいいもの。だからつい、絵本もかわいいものを選びたくなります。でも、子ども自身は「かわいくありたい」わけではなく、「大きくなりたい」「強くなりたい」「かっこよくなりたい」と願っています。だから子どもは、動物などがかわいいキャラクター

として描かれたものよりも、力強くリアルに描かれたもののほうに、ひきつけられることが多いのです。

また、子育てが理想どおりにいかないことに悩んでいる大人は、「そのままでいいのよ」となぐさめてくれる絵本に、心のよりどころを見つけてほっとしがちですが、今日よりは明日、明日よりは明後日と育ちつつある子どもとしては、「大丈夫、きっとできるようになるよ」と言ってほしいのであって、「そのままでいい」と言ってもらっても、あんまりうれしくはないでしょう。

大人が絵本に求めるものと、子どもが求めているものとは、ずいぶんちがうことがあります。子どもはふつうそれが説明できませんし、意識してさえいない場合がほとんどですが、絵本はやっぱり子どものためにあるもの。大人としては、「私はかわいくてほのぼのしてるほうが好きなんだけどなあ」と思っても、ここは子どもに譲って、成長したい気持ちによりそうパワフルなものを選んであげてください。子どもといっしょにそんな絵本を楽しんでいたら、大人もぐんぐん元気になって、絵本になぐさめてもらう必要なんかなくなってしまうかもしれません。

(3) メッセージや教えよりも、ともに体験できるストーリーを

いろんな体験を経てきている大人は、観念的な言葉によるメッセージや教えにも、「ああ、なるほどそうだなあ」と納得し、それを糧にすることも可能です。でも、幼い子どもには、言葉だけでは通じません。さまざまな出来事を体験して、「こうしたら、こうなったな」という具体的な記憶を蓄積しないと、メッセージも教えも、ちゃんと身につくものにはならないのです。

主人公とひとつになって、出来事をくぐり抜けていけるようなストーリーは、体験の蓄積に役立

ちます。ただしそれには、主人公に共感できること、出来事が具体的で想像しやすく、原因から結果に至る筋道が通っていること、結果に納得でき、しかも満足できることが必要です。主人公はふつう、「こうしたい」「これが知りたい」「こんなことで困っている」などといった理由で、出来事に遭遇していきますが、それに「わかる、わかる」と思えないと、共感はできません。そのあとの展開も、ファンタジーを含みながらも、「なるほど、こうしたから、こうなったんだな」と、大筋では納得できるものでないと、想像力を働かせてともに体験することができませんし、ハッピーエンドになってもほんとの満足感は味わえません。

よくできたストーリーで、主人公とともに出来事を体験すれば、子どもたちは、「だから、こうしなさいよ」「こんなことをしてはいけませんよ」「こういうことが大切ですよ」などとわざわざ言われなくても、生きるためのヒントを自然に学びとります。ヒントはあくまでもヒントであって、「必ずそのとおりにしなさい」というのでないところがミソです。教えに従って失敗したら、教えた人のせいにしたくなりますが、ヒントの活用に失敗したら、それは自分のせいですから、それに懲りて、少しずついい判断ができるようになります。それこそが、主人公と体験をともにして、そこから自然に学びとることのありがたさです。

（4）「トラブルはチャンス」と思えるストーリーが最高

「ピンチはチャンス」という言葉がありますが、よくできたストーリーは、「トラブルこそチャンス」と実感させてくれます。トラブルを乗り越えようとあれこれやっていたからこそ、うれしい出会いがあったり、思わぬ収穫があったり、気がついたらぐんと成長していたり……お話のなかにはいりこんで、主人公といっしょにそれを体験すれば、現実にトラブルに出会っても、「うまく切り抜ければ、いいことがあるかも」と、多少とも余裕を持って立ち向かえるようになります。

とりわけうれしいのは、主人公自身もがんばって、かなりのところまで行ったけれども、どうしてもうまくいかない部分を、だれかがちょっと助けてくれて切り抜ける、というストーリーですね。全部自分でやれたというのもうれしいけれど、自分だけではとても無理な大きなことを、幸運な助けにめぐりあってやりとげられれば、夢のような喜びも味わえるし、自分のがんばりもあってこそだと満足できるし、申し分なしです。

そんな喜びを味わっていれば、お手軽な喜びよりも、汗を流して手にした喜びのほうが、ずっと大きいということもわかってきます。そこには、自分の成長を実感する喜び、視野が開けることの喜びがあります。子どものうちから、そんな喜びの手応えをつかんでいれば、人生はどれほど豊かになっていくことでしょう。

(5)「上から目線」の笑いには要注意

いま、「笑える絵本」として人気のあるものには、登場人物の愚かさやみっともなさを、「上から目線」であざ笑うようなものが目立ちます。そんなふうに笑われる立場に立つことを想像しただけでもつらくなるような笑いを、「スカッとする」と喜ぶ人が多いのは、ぎすぎすした世のなかで、気持ちのいい笑いをかわすような人間関係を失っているせいでしょうか。そんな絵本は「受けがいい」と言われ、読み聞かせに重宝がられたりもしていますが、「上から目線」で人をあざ笑うことを楽しいと思うような感覚を、子どもに植えつけていいものでしょうか。

なかには、ちっとも楽しいとは思えないのに、笑わないと仲間はずれになるのが怖くて、いっしょに笑っている子だっているかもしれません。理解できない笑いの渦に囲まれたそのつらさは、想像するだけで苦しくなってくるほどです。

では、そういう笑いと、温かくて気持ちのいい笑いとでは、どこがどうちがうのでしょう。それを見分けるひとつのポイントは、笑われた当人が、自分でもおかしくなっていっしょに笑えるかどうかだと思います。幼い主人公がへんてこな言葉を使ったり、こっけいな失敗をしたりする絵本など、その年齢をちょっとすぎたころに読むと、「ああ、自分もこうだったよなあ」と笑えてくるし、成長の喜びをあらためてかみしめることもできて、いいものですよね。

(6) 擬人化の質を見きわめよう

絵本には、動物を擬人化したもの、つまり、動物が人間のように服を着て、二本足で歩いたり、人間と言葉をかわしたりするものが、たくさんあります。お話によって擬人化のしかたはいろいろで、本来の動物らしさが強く感じられるものから、キャラクターの描き分けに使われているだけのものまで、さまざまです。おなじ動物が出てくる絵本を何冊か集めて見比べてみれば、どの部分が人間化されていて、どの部分に動物らしさが生かされているか、作品によってずいぶんちがうことがおわかりになるでしょう。

擬人化のしかたには、こうでなければという決まりはありませんが、お話の中身と調和が取れていないと、白々しく思えてくることがあります。子どもが動物のお面をかぶっただけのようなお話なら、肉食の動物とその餌食になる動物とがなかよくしていても、あまり違和感はありませんが、その動物本来の生態が多少とも見えるお話だとそうはいきません。オオカミが食べたい気持ちをぐっとこらえてコブタに親切にするというようなお話では、「ああ、よかった」とは思えないのです。

かといって、動物の生態に忠実に、というのではありません。よくできた動物物語の絵本を見ていると、その動物の生態に沿った部分と、それに重ねられた人間の部分――すなわち、畑の野菜が食べたいウサギの部分と、お母さんの言いつけなんかすぐに忘れる腕白坊主の部分とが、配合の比率を変えながら巧みに重ねられていることがわかります。その重ねあわせが成功していれば、読者は主人公への共感を糸口に、自然をより身近なものとしてリアルに感じることもできるのです。

とりあえずは、「この絵本では、動物がどんなふうに擬人化されているかな？」と、ちょっと注意を向けてみてください。それがストレートによしあしにつながるわけではありませんが、見る目を養っていくための大事な手がかりのひとつになるはずです。

（7）調子のいい言葉よりも、ぴったりくる言葉を

絵本には調子のいい擬音語や擬態語がいい、という声をよく聞きます。たしかに、「ワンワン」「ころころ」などといった擬音語や擬態語を使った絵本は、読み聞かせやすいし、幼児の耳でもキャッチしやすいでしょう。しかし、どれもこれもそういうものばかりにならないように気をつけることも必要です。

調子のいい言葉というのは、うっかりすると調子だけで流れていってしまい、「何を言おうとしているか」がお留守になってしまいがちです。そんな言葉だと、耳には楽しくなじんでも、単なる言葉で終わってしまいかねません。それに対して、言葉で表わしたい音や動きや感じなどを、書き手があらためて味わいなおし、どんな言葉にしたらいちばんぴったりくるだろうかと頭をひねった結果探り当てた表現なら、読み手にもその音や動きや感じがありありと伝わりやすいのです。

言葉が単なる言葉に終わらず、「あっ、あの感

じ」とリアルな世界体験に結びつくときにこそ、子どもは言葉の持っている大きな力に触れ、自分もまた言葉を探しながら、いろんなことを表現していこうと思いはじめるのではないでしょうか。優れた書き手の言葉には、絶妙な表現であると同時に調子も楽しいというものも多いので、調子のいい言葉には要注意というわけではけっしてないのですが、調子がいいだけのからっぽな言葉ばかりが子どもを取り巻いてしまうのでは、あまりにももったいないと思うのです。

同様に、「くりかえし」という形式も、いささか過信されがちなようです。もちろん「くりかえし」は昔話からの長い長い歴史を持った様式で、絵本にも「くりかえし」を使ったすばらしい作品は、数えきれないほどあります。でも、洪水のようにあふれている絵本のなかには、とりとめのなさすぎる「くりかえし」や、気持ちがいいとは言えない出来事の「くりかえし」など、どうかと思うものもずいぶんあります。「くりかえしだから、いいはずだ」「くりかえしだから、読み聞かせやすい」などとかんたんに飛びつかないで、くりかえすことが本物の喜びにつながっているかどうか、ちょっと立ち止まって確認してみてください。

（脇　明子）

昔話絵本を選ぶには

この本では、昔話絵本としては、『おだんごぱん』と『ねことおんどり』くらいしか取り上げられませんでしたが、昔話絵本というのはとても大切なジャンルなので、なぜ大切かということ、そして、昔話絵本を選ぶには、どういうことに気をつければいいかということを、かんたんにお話ししておきましょう。

昔話絵本が大切なのは、昔話というものが、絵本の歴史とは比べものにならないくらい長い長い歴史を持った、とても重要なものだからです。私たちの祖先は、まだ本などというものがなかった時代、それどころか、文字さえも発明されていなかった時代から、経験したことや考えたことをお話にして語り、それを聞き覚えた人がまただれかに語るという具合にして、世代から世代へと、知識や知恵や楽しみを受け渡してきました。いま、昔話とか民話という名で知られているお話は、そんな語り伝えの財産のうちでも、とりわけ物語性があっておもしろく、長く広く親しまれてきたものだと言っていいでしょう。

ですから、子どもたちにとって、身近な大人たちに昔話を語ってもらうというのは、大きな楽しみであると同時に、生きる知恵を身につけるための貴重な手段でもありました。昔話はめりはりのはっきりした展開でぐいぐいと進み、現実味の有無など気にせずに、生死にかかわる事件や波瀾万丈の人生ドラマをいとも軽やかに駆け抜けていきますが、だからこそ子どもたちは、そこから前もっていろんなヒントを拾い集めておくことができたのでした。

＊

いま、そんな語りの伝統は、ほとんど消え失せてしまいました。それにかわって、昔話を覚えて語るストーリーテリングが、図書館司書やボランティアの方々を中心に、熱心に行なわれていますが、一人一人の子どもがどれだけそれを聞く機会に恵まれるだろうかと考えると、やはり生活のなかに語りがあった時代のようなわけにはいかないのを認めないわけにはいきません。そこで非常に重宝になるのが昔話絵本であり、だからこそ、世間に流布している絵本には、昔話を題材にしたものの占める割合がとても大きいのです。

昔話絵本が身近にあれば、覚えて語れない大人でも、子どもたちに昔話を読み聞かせることができます。また、昔ならお話に何が出てこようと、たいていはくらしのなかで見慣れていて、イメージするのに困りませんでしたが、いまは「生活そのものが挿絵がわり」とは言えませんので、いい絵が添えられていれば、とても助かります。また、昔話絵本が増えたおかげで、自分の国の昔話だけでなく、世界じゅうの昔話を幅広く楽しめるようになったのもうれしいことです。先祖伝来のくらしを受け継ぐだけではすまなくなったいまの時代、生きる知恵も世界じゅうのいろんな国から分けてもらい、幅広く柔軟にしておくに越したことはありません。

ところが困ったことに、言葉だけで楽しむものとして育ってきた昔話は、そうかんたんに絵本になってはくれません。めりはりのきいたスピーディな展開が可能なのは、あちこちで思い切った単純化や誇張をしているおかげですが、言葉ではそれがすんなりと受け取れるのに、絵になると不自然さが気になることもしばしばです。また、オオカミがコブタを食べたりするのも、耳で聞くお話なら、「世のなかというのはそういうもの」「生きるというのはそういうこと」と、大づかみに納得できますが、絵に描かれたかわいいコブタが食べられるとなると、「残酷だ」と感じさせられることになります。

その結果、昔話絵本では、お話がもとの昔話から大きく変えられていることがよくあります。ちがったものになっても、それはそれで納得できるお話になっていれば、必ずしも悪いとは言えないのですが、昔話というのは、いろんな要素が絶妙なバランスで支えあっているからこそ納得させる力を持ち、長く生き残ってきたものですから、一部分に手を加えると、どうしてもせっかくのバランスが崩れ、力を失ってしまいます。たとえば「三びきのこぶた」で、三びきともが食べられずにすむ筋書きに変えて、それでもなお全体の流れに不自然さがなく、しかも「生きる知恵」として納得できる何かが伝わるということは、まず期待できません。もとのお話にこめられていた「知恵」が、改変によって失われるとき、そこにはしばしば無理な「教訓」が加えられ、お話が本来与えてくれたはずの喜びはすっかり色あせてしまうのです。

*

ですから昔話絵本は、よほど気をつけて選ばなくてはなりませんが、困ったことに、それはかんたんなことではありません。

まず困るのは、昔話絵本にはおなじ題のものがたくさんあるということです。創作絵本でも題が似てしまうことはありますが、昔話絵本の場合、ひとつの昔話をとてもたくさんの人が絵本にするので、「『ねむりひめ』という絵本はいいそうだ」という情報だけで探したのでは、定評あるフェリクス・ホフマン作にぶつかるとはかぎりません。そこでお勧めしたいのが、気になる昔話絵本を一冊選び、それとおなじ題のものを図書館でありったけ借り集め、仲間で読み聞かせあうなどして、丹念に比べてみることです。それをやれば、少なくとも、いいものと感心できないものとのあいだにどれほどの差があるのかがわかり、次に選ぶときにより慎重になりますし、それをくり返していれば、どんどん目も肥えてきます。そうやって目を肥やしていけば、創作絵本を選ぶときにも応用がききます。

　いま「おなじ題」と言いましたが、昔話の題というのは創作文学のようにはっきりしてはおらず、「ねむりひめ」と「いばらひめ」と「眠れる森の美女」、「おだんごぱん」と「ころころパンケーキ」、「つるにょうぼう」と「つるのおんがえし」、「かにむかし」と「さるかに合戦」、「たにし長者」と「つぶ息子」といった具合に、題はちがってもおおむねおなじ話というものがいろいろありますから、わからなかったら、図書館ででも相談してみるといいでしょう。

　もっといいのは、子どものための本として編集されているけれど、学術的にもしっかりしている昔話集――たとえば、石井桃子編・訳の『イギリスとアイルランドの昔話』とか、内田莉莎子編・訳の『ロシアの昔話』、カルヴィーノ作、河島英昭訳のイタリア民話選『みどりの小鳥』などといったものを、いろいろ読んでみることです。昔話特有の語り口に慣れていないと最初はとまどうかもしれませんが、やがて、「なるほど、昔話ってほんとにおもしろいな」と実感できるようになるはずです。そうやって、言葉だけでできた昔話のおもしろさをつかんでから、昔話絵本にもどり、お話の展開が様式にかなっているか、絵が耳で聞いたときに頭のなかで起こることをじゃましていないか、などの点に気をつけながら、一冊一冊吟味してみてください。たとえば、絵のなかに不必要な細かいものがたくさん描きこまれていると、それを見て楽しむことに気をとられ、「それから？」「それから？」とお話を追う気持ちが薄れてしまいます。それでは、絵がどんなに美しくても、昔話絵本としてはちょっと具合が悪いわけです。

*

最後にもうひとつ言っておきたいのは、昔話絵本には文がかなり長いものも多いけれど、「読むのがたいへんだ」とか、「子どもがついてこないかも」などと敬遠しないでほしい、ということです。昔話というのは、本来が語られていたものですから、声に出しやすいようにできていて、長くてたいへんそうでも、読んでみると読み心地がよくて、案外苦にはなりません。また、展開に一定の様式があり、調子のいいやりとりが二回、三回とくりかえされ、期待どおりの方向へぐいぐい進んでいくので、「ちょっと長すぎるかな」と思っても、子どもたちは飽きることなく、驚くほど集中して聞いてくれます。たとえば、中国の昔話の絵本『王さまと九人のきょうだい』(君島久子訳、赤羽末吉絵)や、リトアニア民話の絵本『パンのかけらとちい

さなあくま』(内田莉莎子再話、堀内誠一画)などを、ぜひ一度試してみてください。読み心地もとびきりだし、痛快で愉快で、子どもたちをぐぐっとひきつけることうけあいです。

文章の量の多い昔話絵本は、絵本から物語の本への橋渡しにも欠かせません。絵本を読み聞かせてもらうとき、子どもたちは絵を見ながらお話を聞いているわけですが、その意識の配分がもっぱら絵を見るほうに傾いていると、物語の本を読むことにはもちろん、読んでもらって聞くことにも進んでいきにくくなります。聞くだけなら読むのとちがってかんたんかというと、そうではなくて、注意をとぎれさせずにお話に意識を集中し、得た情報を整理しながら聞きつづけていくためには、場面場面を楽しむだけでなく、お話のつながりを意識しながら聞くという体験の長い積み重ねが必要です。昔話絵本は、とびきりおもしろいはずの部分が絵にしにくかったりするからこそ、絵に向けていた意識を少し減らし、それを言葉で語られるお話のほうに振り向けていくことを促します。やがて文字ばかりの本が読めるようになるためにも、小学校に進んで先生のお話が聞けるようになるためにも、すばらしい橋渡しとなる昔話絵本をおおいに活用してください。

(脇　明子)

絵本選びと読み聞かせのために　コラム3

家庭で絵本を楽しむために

(1) 年齢に合ったものを選ぶには

絵本が子どもの育ちをどんなに助けてくれるかはわかったけれど、「さあ、わが家でも」となると、絵本選びに迷われる方も多いはず。たとえば、対象年齢というのも、気になる問題のひとつですね。

　絵本によっては、「読んであげるなら三才から、じぶんで読むなら小学校初級むき」などと、目安が書いてあるものもあります。もちろんこれを参考にすればいいのですが、あんまり縛られることもないでしょう。「本を読んだら全部ちゃんと理解できなくては」と考えるのならともかく、わかる範囲で楽しめばいいんだと気楽に構えれば、少し早くたって大丈夫です。ただし、知識や教えなどを早く与えようと考えるのは禁物で、子どもにとって絵本は一にも二にも「喜びの体験」でないと、せっかくそのなかにひそんでいる力も、ちゃんと子どものなかにしみこんではいきません。「喜び」と言っても、単に楽しく笑える喜びだけでなく、何かを乗り越えて成長できる喜びや、視野が開ける喜びなども含まれることをお忘れなく。そんな「喜びの体験」を子どもとたっぷり共有できるのが、家庭で絵本を楽しむことの醍醐味です。

　でもやっぱり選び方に不安があるという方は、

「よさそう」と思った絵本を、図書館で借りて読み聞かせてみることをおすすめします。それが「喜びの体験」をもたらしてくれるとわかったら、ぜひ買って手元に置いて、何度も読んであげてください。

(2) 読み方に自信がないときは

使い慣れた言葉でのおしゃべりは自在にできても、書かれた言葉は自分の言葉ではありませんから、「あれっ、この言葉のアクセントはどうなんだっけ」ととまどうのは、だれだっておなじです。それで苦手意識を持ったり、「子どもにはきれいな標準語をおぼえさせよう」と考えたりして、タレントが朗読しているCDを聞かせる、などという方も多いのではないでしょうか。

でもそれでは「喜びの体験」の共有にはならず、せっかくの絵本の時間がだいなしです。子どもが求めているのは、読めない文字を正しい音声に変換してもらうことではありません。もう暗記するほどになっている絵本を、子どもが飽きることなく読んでほしがるのは、お話によって引き起こされる感情の流れを、大好きなだれかさんと共有しながら、今日もまた体験したいからです。そのだれかさんのアクセントが「標準」とちがっていたって、気にすることはありません。子どもはまずは、それぞれの家庭の「母語」に漬かって育つべきもので、それは、「母語」にこそいろんな感情のニュアンスが豊かにこめられているからです。

感情のニュアンスは、自然に心が動いてにじみ出るくらいでじゅうぶんで、プロのように声色を使って表現する必要はちっともありません。子どもを前にして「お話を演じる」のではなく、子どもといっしょに「お話のなかにはいる」というくらいが、ちょうどいいのではないでしょうか。読みまちがいだって、そんなに気にするにはおよびません。

ちょっとドキドキさせられるお話でも、大好きなだれかさんが読んでくれれば、がんばって楽しむことができます。私の知っていたある男の子は、『三びきのやぎのがらがらどん』が怖くて、絵が見られないくせに、毎晩お母さんのところに持ってきて、読んでもらっていました。お母さんが読みはじめると、その子はお母さんの背中にぴたりとはりつき、ときどき腕のかげからちらっとのぞいては、またすぐ頭を引っこめていました。その様子は、怖さを楽しんでいるようでもあり、怖さに耐える訓練をしているようでもありました。ひょっとすると、怖いことを理由に甘えられるのも、うれしかったのかもしれません。たぶん三つともが真相で、そうやって楽しむうちに、やがてトロルにも立ち向かえる勇気が育つのだと思いますが、CD相手ではそうはいきません。

(3) 読み聞かせる時間を作るには

時間がないと言われる方にぜひ取り組んでいただきたいのが、テレビ中心のライフ・スタイルの見直しです。いつもテレビの音がしているのがあたりまえで、消したらなんだか落ち着かない、などと思っていませんか。でもそれでは、子どもの耳は雑然とした音の流れに占領されて、お母さんやお父さんの声もそのなかに埋没してしまいかねません。それでは、「言うことを聞かない」と嘆かれるように育っても、なんの不思議もないですよね。

それに、お父さんやお母さんの耳がテレビのほうにむいていたら、子どもは「しゃべって聞いてもらう喜び」を味わうことができません。子どもの話はたどたどしくて、要領を得ませんから、言いたいことをちゃんと聞き取るにはかなりの暇がかかります。でも、余分な音声にじゃまされない環境で、ゆとりを持って耳を傾ければ、子どもの日々の言葉ほどおもしろいものはめったにないことがわかるはずです。どんどん成長していく子どもの「そのとき」の言葉は、聞き逃したらそれっきり。そんな貴重な「娯楽」を楽しむチャンスを、テレビやネットに横取りさせておく手はありません。

子どもの話を聞くのに最適なのは、家族で食卓を囲んだとき。すぐにはテレビから離れられない方も、せめて食事どきにだけはテレビを消し、「さっさと食べなさい」なんて言わないで、子どものおしゃべりを楽しみながら、ゆったりとすごしてください。

その時間が楽しくなってきたら、そのあとも、ぜひひとも見たい番組がないかぎり、テレビをつけないでいられるようになるかもしれません。そこまで行けば、あら、不思議、ないないと言っていた「時間」が生まれているのがわかるはずです。おしゃべりをつづけながら、子どもたちにも手伝ってもらって後片付けをすれば、絵本の時間をたっぷり取るのも夢ではないでしょう。

（4）読み聞かせはいつまで？

小学生になると、「もう一人で読めるはず」「早く文字を覚えてほしい」と、読み聞かせをやめてしまう例が多いようですが、一年生になったときこそ、絵本や物語の読み聞かせの時間を、とりわけ大事にしてあげてください。

それは、第3章の終わりにもあったように、「きちんとする」ことを要求される小学校生活が、幼稚園や保育園とはずいぶんちがい、子どもたちがそれに慣れていくのはたいへんなことだからです。小学校は社会への入り口ですから、それは避けて通れない関門ですが、親までが学校といっしょになって、「もう大きいんだから、きちんとしなさい」「いつまでも甘えてちゃだめ」と叱咤激励するばかりだと、子どもは学校にも家庭にも安心できる居場所が持てず、追い詰められてしまいかねません。

学校で精一杯がんばった子どもたちが、疲れはてて帰ってきたら、背伸びしていたぶんだけ、甘えさせてあげましょう。絵本や物語の読み聞かせは、それに最適です。夜、寝る前でもいいけれど、帰ってきたときにおやつといっしょに絵本や物語の本が待っている、というのも、すてきですね。

（湯澤美紀）

あとがき

この数年かけてやっとここまで育て上げたこの本を、まさかこんなにもたいへんな世の中へ送り出すことになろうとは、考えてもみませんでした。突然降ってきた大災害によって理不尽に命を断たれた方々、大切な人たちや慣れ親しんだ生活を奪われ、先の見通しも立たないままに辛い日々を送っていらっしゃるみなさまに、いったいなんと申し上げたらいいのか、言葉が見つかりません。私たちが育てたやんちゃ坊主のようなこの本が、どこかでまわりまわってお役に立って、困難に立ち向かっているみなさまや、遠くにいてどうすることもできずに沈みこんでいるみなさまに、笑いや元気やゆとりを持って「生きていく力」を、少しでもお届けできたらと願っています。

この本は、私が一九九八年に立ち上げた「岡山子どもの本の会」のメンバーである四人が、何度もチーム会議を開いて議論しながらまとめたものです。会の中心メンバーとしていちばん古いのは梶谷恵子で、岡山市立幼稚園の園長を経て、いまはノートルダム清心女子大学児童学科で、幼稚園教員をめざす学生たちの指導に当たっています。彼女とは卒論指導もいっしょにやっていますが、このところ学生たちの絵本研究もたいしたパワーアップぶりで、そこからもいいヒントをたくさんもらいました。

片平朋世は私のゼミの卒業生で、いったん現場に出てから大学院にもどって幼児の言葉についての論文を書き、いまはまた保育園でがんばりながら、会の中心メンバーの一人としても活躍しています。

湯澤美紀はいちばん新しいメンバーで、発達心理学担当の教員としてノートルダム清心女子大学に赴任してからのおつきあいですが、吸収力は天下一品で、そうくわしくはなかったはずの絵本や児童文学についても、たちまち丁々発止と語れる仲間になりました。

この本がなんとかできあがったのは、「岡山子どもの本の会」があったからこそです。会をはじめた当初は絵本についても浅くしか語れませんでしたが、みなさまのおかげでさまざまな視点や知らなかった絵本、子どもたちの愉快な事例にいっぱい出会わせていただき、どんどん考えを深めていくことができました。一人一人お名前を挙げることはできませんが、温かいご支援に深く感謝いたしております。

二〇一一年四月

脇　明子

もりのなか(マリー・ホール・エッツ文・絵，まさきるりこ訳，福音館書店)
33

や・ら

ゆかいなかえる(ジュリエット・ケペシュ文・絵，石井桃子訳，福音館書店)
21，36，93
ラチとらいおん(マレーク・ベロニカ文・絵，徳永康元訳，福音館書店)　156
ロシアの昔話(内田莉莎子編・訳，福音館書店)◈　175

社）152，156
どろんこハリー（ジーン・ジオン文，マーガレット・ブロイ・グレアム絵，渡辺茂男訳，福音館書店）135

な

にんじんのたね（ルース・クラウス作，クロケット・ジョンソン絵，小塩節訳，こぐま社）75
ねことおんどり（ロシアのむかしばなし，内田莉莎子文，小野かおる絵，福音館書店）147，163，172
ねこのオーランドー（キャスリーン・ヘイル作・画，脇明子訳，福音館書店）52
ねむりひめ（グリム童話，フェリクス・ホフマン絵，瀬田貞二訳，福音館書店）174

は

版画　のはらうたⅢ（工藤直子作，保手浜孝画，童話屋）155
番ねずみのヤカちゃん（リチャード・ウィルバー作，大社玲子絵，松岡享子訳，福音館書店）◆ 120，152，163
パンのかけらとちいさなあくま　（リトアニア民話，内田莉莎子再話，堀内誠一画，福音館書店）176
ピーターラビットのおはなし（ビアトリクス・ポター作・絵，石井桃子訳，福音館書店）95
ひがんばな（甲斐信枝作，福音館書店）22
ひとまねこざる（H. A. レイ文・絵，光吉夏弥訳，岩波書店）9，132，152，158
ぶたぶたくんのおかいもの（土方久功作・絵，福音館書店）50
ふゆめがっしょうだん（冨成忠夫，茂木透写真，長新太文，福音館書店）126，157
ぽとんぽとんはなんのおと（神沢利子作，平山英三絵，福音館書店）111

ま

みどりの小鳥　イタリア民話選（カルヴィーノ作，河島英昭訳，岩波書店）◆ 175
むぎばたけ（アリスン・アトリー文，矢川澄子訳，片山健絵，福音館書店）2
めのまどあけろ（谷川俊太郎文，長新太絵，福音館書店）71
もりのこびとたち（エルサ・ベスコフ作・絵，大塚勇三訳，福音館書店）158

くつくつあるけ(林明子作，福音館書店)　6
こぐまのくまくん(E・H・ミナリック作，モーリス・センダック絵，松岡享子訳，福音館書店)◈　136
コッコさんのおみせ(片山健作・絵，福音館書店)　85
コッコさんのかかし(片山健文・絵，福音館書店)　17，76，130，160
こねこのぴっち(ハンス・フィッシャー文・絵，石井桃子訳，岩波書店)　160
ころころころ(元永定正作，福音館書店)　117
こんにちは(渡辺茂男文，大友康夫絵，福音館書店)　15

さ

サラダとまほうのおみせ(カズコ・G・ストーン作，福音館書店)　53，160
三びきのこぶた(イギリスの昔話，ポール・ガルドン絵，晴海耕平訳，童話館出版)　98
三びきのやぎのがらがらどん(北欧民話，マーシャ・ブラウン絵，瀬田貞二訳，福音館書店)　42，180
しずくのぼうけん(マリア・テルリコフスカ文，ボフダン・ブテンコ絵，内田莉莎子訳，福音館書店)　37
しょうぼうじどうしゃじぷた(渡辺茂男作，山本忠敬絵，福音館書店)　156
スモールさんはおとうさん(ロイス・レンスキー文・絵，渡辺茂男訳，童話館出版)　157
せきたんやのくまさん(フィービ&セルビ・ウォージントン作・絵，石井桃子訳，福音館書店)　157

た

たけのこほり(「かがくのとも」2004年5月号，浜田桂子作，福音館書店)　83
たろうのおでかけ(村山桂子作，堀内誠一絵，福音館書店)　45，48
たんじょうび(ハンス・フィッシャー文・絵，大塚勇三訳，福音館書店)　160
ちいさいきかんしゃ(ロイス・レンスキー文・絵，渡辺茂男訳，福音館書店)　161
ちいさなねこ(石井桃子作，横内襄絵，福音館書店)　45，49
ちさとじいたん(阪田寛夫詩，織茂恭子絵，岩崎書店)　84
チムとゆうかんなせんちょうさん(エドワード・アーディゾーニ作，瀬田貞二訳，福音館書店)　107
つくし(甲斐信枝作，福音館書店)　79
時計つくりのジョニー(エドワード・アーディゾーニ作，阿部公子訳，こぐま

本書でとりあげた絵本

◆は幼年童話や昔話集です

あ

あくたれラルフ(ジャック・ガントス作，ニコール・ルーベル絵，石井桃子訳，童話館出版)　138，163
あな(谷川俊太郎文，和田誠画，福音館書店)　128
あまがさ(八島太郎文・絵，福音館書店)　24
あめのひ(ユリー・シュルヴィッツ作・画，矢川澄子訳，福音館書店)　26
アンガスとあひる(マージョリー・フラック作・絵，瀬田貞二訳，福音館書店)　12
いいことってどんなこと(神沢利子作，片山健絵，福音館書店)　29，37
イギリスとアイルランドの昔話(石井桃子編・訳，福音館書店)◆　175
いたずらこねこ(バーナディン・クック文，レミイ・シャーリップ絵，まさきるりこ訳，福音館書店)　9
ウルスリのすず(ゼリーナ・ヘンツ文，アロイス・カリジェ絵，大塚勇三訳，岩波書店)　41，49，160
王さまと九人のきょうだい(中国の民話，君島久子訳，赤羽末吉絵，岩波書店)　176
おかぐら(脇明子文，小野かおる絵，福音館書店)　91
おだんごぱん(ロシア民話，瀬田貞二訳，脇田和絵，福音館書店)　64，172
おちゃのじかんにきたとら(ジュディス・カー作，晴海耕平訳，童話館出版)　62
おなかのすくさんぽ(片山健作，福音館書店)　103，130
おにぎり(平山英三文，平山和子絵，福音館書店)　68
おやすみなさいコッコさん(片山健作・絵，福音館書店)　114

か

かぜフーホッホ(「ちいさなかがくのとも」2007年11月，三宮麻由子文，斉藤俊行絵，福音館書店)　27，36
かばくん(岸田衿子作，中谷千代子絵，福音館書店)　60，157
きみなんかだいきらいさ(ジャニス・メイ・ユードリー文，モーリス・センダック絵，こだまともこ訳，冨山房)　143
きんいろあらし(カズコ・G・ストーン作，福音館書店)　xi
近世のこども歳時記(宮田登文，太田大八絵，岩波書店)　91

脇　明子
1948年，香川県生まれ．東京大学大学院人文科学研究科博士課程修了．現在，ノートルダム清心女子大学名誉教授．「岡山子どもの本の会」代表．著書に，『読む力は生きる力』『物語が生きる力を育てる』『魔法ファンタジーの世界』『少女たちの19世紀——人魚姫からアリスまで』，訳書に，『不思議の国のアリス』『クリスマス・キャロル』(以上，岩波書店)などがある．

梶谷恵子(かじたにけいこ)
1951年，岡山県生まれ．ノートルダム清心女子大学卒業．岡山市立幼稚園園長，ノートルダム清心女子大学准教授をへて，現在，どんぐり文庫主宰．

湯澤美紀(ゆざわみき)
1971年，大分県生まれ．広島大学大学院博士後期課程修了．博士(心理学)．現在，ノートルダム清心女子大学教授．

片平朋世(かたひらともよ)
1977年，岡山県生まれ．ノートルダム清心女子大学大学院修士課程修了．さくらが丘保育園主任をへて，現在，ノートルダム清心女子大学講師．

子どもの育ちを支える絵本

2011年5月25日　第1刷発行
2023年6月26日　第9刷発行

編著者　脇《わき》　明子《あきこ》

発行者　坂本政謙

発行所　株式会社 岩波書店
〒101-8002 東京都千代田区一ツ橋2-5-5
電話案内 03-5210-4000
https://www.iwanami.co.jp/

印刷・三秀舎　製本・松岳社

ISBN 978-4-00-022912-8　　Printed in Japan